Susanna Tamaro

Cara Mathilda

Briefe
an eine Freundin
Aus dem Italienischen von
Maja Pflug

Diogenes

Titel der 1997 bei Edizioni San Paolo,
Mailand, erschienenen Originalausgabe:
›Non vedo l'ora che l'uomo cammini – *Cara Mathilda*‹

Die hier versammelten Texte sind in der Zeitschrift
Famiglia Cristiana von Oktober 1996 bis September 1997
in der Kolumne »Arrivederci ...« erschienen
Umschlagillustration: Vincent van Gogh,
›Vase mit rotem Klatschmohn‹, 1886

Deutsche Erstausgabe

100/00/8/2
ISBN 3 257 23141 5

Diogenes Taschenbuch 23141

detebe

Inhalt

Herbst

9. Oktober

Cara Mathilda,

heute scheint das Wetter umzuschlagen, das Gras auf den Wiesen ist noch verbrannt, aber abends ist die Luft nicht mehr sommerlich lau. Es wird früher dunkel, und mit der Dunkelheit steigt ein anderer, schwerer Geruch vom Boden auf, Herbstgeruch. Ich habe eigentlich gar nichts dagegen. In den Sommermonaten erfaßt mich immer eine gewisse Trägheit. Es ist heiß, man kann sich schlecht konzentrieren, der Geist wird rasch müde, Schläfrigkeit überkommt einen. Schreiben ist eine Tätigkeit, die besser zu einem nordischen oder winterlichen Klima paßt. Die Kälte draußen ist ebenso hilfreich wie die Kürze des Tages. Um eine innige Beziehung zu sich selbst herzustellen, braucht man lange Stunden der Dunkelheit und des Schweigens.

Ich habe Dir noch gar nicht davon erzählt, aber nach langem Zögern habe ich endlich eingewilligt, eine Kolumne in der Zeitschrift *Famiglia Cristiana* zu übernehmen. Du weißt, schnelle Entschlüsse sind nicht meine Sache. Bevor ich irgendeine Entscheidung treffe, überlege ich immer lange und wäge das Für und Wider nach allen Seiten hin ab; das nervt die Menschen um mich herum ein bißchen und mich selbst auch. Mindestens ab und zu wäre ich gern etwas leichtsinniger und unbekümmerter. Andererseits nehme ich dafür eine einmal eingegangene Verpflichtung sehr ernst und lasse mich nicht ablenken.

Der Vorschlag, eine Rubrik zu übernehmen, ist schon älter. Es war auch nicht der erste. Eine katholische Tageszeitung, die ich sehr schätze, hatte mir schon ein Angebot gemacht: Ich sollte dort die großen Tagesthemen kommentieren. Doch diese Art von Betrachtung liegt mir nicht, ich brauche lange, um mir über die Dinge klarzuwerden, und noch länger, um irgendeine Schlußfolgerung daraus zu ziehen.

Andere Angebote betrafen, wie Du Dir leicht vorstellen kannst, alle die sogenannte »Herzenspost«. Was sonst kann man einer Person vorschlagen, die *Geh, wohin dein Herz dich trägt* geschrieben hat? In den Interviews habe ich bis zum Überdruß wiederholt, daß im Titel meines Buches nicht das »Herz« gemeint ist, das bei einer Verabredung oder einem Blick höher schlägt, sondern die tiefere Gesamtheit des Menschen, es ist ein Bild für den physischen Ort, an dem sich Verstand und Gefühl harmonisch verbinden und zu etwas Größerem verschmelzen. Kurz gesagt, jenes Herz, das in allen Religionen für das wahre, tiefste Wesen des Menschen steht. Das habe ich immer wieder betont, aber es hat wenig oder nichts genützt, ich bin doch die Fachfrau für sentimentale Verstrickungen geblieben. Dabei gibt es kein einziges Thema, das mir ferner läge!

Aber *Famiglia Cristiana* hat sich nicht mit meinem Nein zufriedengegeben, sondern mir taktvoll zugeredet. Je mehr sie mich drängten, um so unfähiger und unzulänglicher fühlte ich mich, wie immer, wenn ich aufgefordert werde, eine »Aufgabe« zu erfüllen. Nach einigen Monaten jedoch hat ein kleiner Teufel in mir zu arbeiten begonnen. »Bist du ganz sicher«, sagte er zu mir, »daß du dich richtig entschieden hast? Bist du sicher, daß nicht nur große Angst dahintersteckt?« Und da es mir nicht liegt, Hindernissen auszuweichen oder bequeme Ausreden zu erfinden, habe ich angefangen, das Problem erneut zu überdenken. Die Anfrage der Freunde von *Famiglia Cristiana* war anders, paßte besser zu mir. Sie verlangten nämlich nicht, wie fast alle anderen, daß ich mich mit Tagesthemen oder gebrochenen Herzen befaßte, sondern ich sollte einfach eine Art Tagebuch schreiben, auch in Briefform. Darin könnte ich vom Wetter und von Kochrezepten reden, vom Wechsel der Jahreszeiten und von dem, was in mir vorgeht, ganz frei.

In meinen Büchern geht es immer um die Suche nach der Grundlage der Gefühle, um das, was einem Leben Sinn, Verwurzelung und Reichtum gibt. Es hat mich nie interessiert, mich mit oberflächlichem Geschwätz und Klatsch zu beschäftigen, der peinlichen und entwürdigenden Parodie von Empfindungen, mit der wir ständig berieselt werden. Das haben meine Leser verstanden, denn seit zwei Jahren bekomme ich Hunderte von Briefen aus aller Welt. In fast allen Fällen handelt es sich um kluge, mutige, leidenschaftliche Briefe, um Briefe von Menschen, die sich Fragen stellen. Als ich an diese Briefe dachte, ist mein Nein zu einem Jein und schließlich zu einem Ja geworden. Diese ganze Korrespondenz hat mir gezeigt, daß ein großes Bedürfnis nach Dialog, nach Austausch besteht und es sehr wenig Raum dafür gibt. Viele schreien, und wenige sprechen. Doch mit einemmal sah ich ein Fenster vor mir, das sich auf einen freien Raum öffnet und frische

Luft ins Zimmer hereinläßt. Das Bild gefiel mir, und ich habe zugesagt.

Und die Angst? Die Angst ist noch da, schwebt riesig und mächtig über mir wie ein Heißluftballon. Aber Ängste sind dazu da, überwunden zu werden.

16. Oktober

Cara Mathilda,

inzwischen ist es Herbst geworden, die Trauben in den Weinfeldern sind beinahe reif, und wenn ich morgens die Fenster öffne, schlägt mir Nebel entgegen. Weiß und dicht deckt er alles zu, schluckt die Geräusche. Ich liebe den Herbst mehr als jede andere Jahreszeit, ich liebe seine Farben, seine Gerüche, ich liebe es, daß man wieder drinnen lebt, sich sammelt. Das letzte Mal, als Du hier warst, war es auch Ende Oktober. Ich besitze noch ein Foto von uns beiden am Ofen, vor ein paar Tagen habe ich es in einem Buch gefunden. Während ich es ansah, dachte ich, daß wir im Grunde noch den gleichen Ausdruck haben wie damals, als wir uns kennenlernten. Wie lange ist das her? Fünfzehn Jahre, vielleicht auch mehr. Und wie oft haben wir uns in diesen Jahren gesehen? Sehr selten. Höchstens drei- oder viermal, seit Du aus Italien weggegangen und nach Afrika zurückgekehrt bist. Du hattest Dein erstes Kind bekommen und wolltest zu Recht, daß es in Eurer Heimat aufwächst. Unsere Freundschaft ist in dieser langen Zeit unverändert bestehen geblieben, stark und unbeschwert wie am ersten Tag.

Freundschaft gehört zu den schönsten Gefühlen, die man erleben kann, sie bereichert, ist anregend, schenkt Verbundenheit und ist absolut unentgeltlich. Unverhofft trifft man sich, interessiert sich füreinander, und es entsteht eine innere Nähe; man kann nebeneinander gehen und gemeinsam wachsen, auch wenn man verschiedene Wege einschlägt, auch wenn man, so wie wir, Tausende von Kilometern voneinander entfernt lebt.

In Deinem letzten Brief fragst Du mich, wie es hier bei uns im Norden geht. Nicht im Norden Italiens, sondern im Norden der Welt. In diesem Norden, der so weit von Euch weg, so reich und so schwer krank ist. Wie es geht? Die Lage ist unsicher, ungewiß, manchmal sind die Krankheitssymptome so ernst, daß das Ende beinahe unmittelbar zu befürchten steht, andere Male gibt es Anzeichen, die auf eine leichte Besserung schließen lassen.

Kürzlich besuchte mich eine junge Freundin, die gerade Abitur gemacht hat. Sie war niedergeschlagen, weil ihre Eltern sie im Hinblick auf alle ihre Studien- und Zukunftspläne nur entmutigten und wollten, daß sie sich dem engen Raum anpaßt, den diese Gesellschaft den Jugendlichen zugesteht, daß sie sich anpaßt, ohne etwas anderes zu wagen, ohne für etwas zu kämpfen, weil es sich sowieso nicht lohne. »Ich bin traurig«, sagte sie zu mir. »Ich habe es satt, daß man mir die Hoffnung nimmt. Wenigstens ein kleines bißchen Hoffnung könnten sie mir doch lassen, soviel man braucht, um weiterzumachen.« Dieser Ansicht bin ich allerdings auch. Man muß die Hoffnung nähren. Welchen Sinn hat es, sich alle Wege zu versperren, sich vorsorglich in einem Bunker zu verbarrikadieren, wo nur unser eigenes Überleben gesichert ist? Ich hasse die Schwarzseherei, die sich in diesen Jahren immer mehr breitmacht, ich hasse die apokalyptischen Vorhersagen, ich halte Zynismus für ein sehr bescheidenes Mittel, um seine eigene Geringheit zu bemänteln, seine Unfähigkeit, ein kleines bißchen weiter nach vorn zu blicken.

Auch alle die, die sich aus Hilflosigkeit hastig unter die wärmenden Fittiche von Sekten oder ähnlichen Gruppierungen flüchten, gefallen mir nicht. Diese Sekten und Gruppierungen hindern vor allem am Denken, sie bauen an einer leider nur an ihrem eigenen Bild orientierten Zukunft, die, unter Ausschluß aller übrigen, nur ihren Mitgliedern zugesichert wird. Ich glaube, daß es neben Anpassung und Gruppenzwang noch einen dritten Weg gibt, der vielleicht unspektakulärer und bestimmt unbequemer, beunruhigender ist: nämlich den Weg der Hoffnungssucher, derjenigen, die sich von allen Gemeinplätzen darüber, wie der Mensch zu sein und wie sein Schicksal auszusehen hat, freimachen und sich anhand weniger schwacher Anzeichen etwas anderes vorstellen können: einen Menschen, der zwar noch nicht geboren ist, was aber nicht heißt, daß er nicht geboren werden kann. Man sucht ja nicht aus Angst oder zur Gewissensberuhigung nach Hoffnung, sondern weil man an das im Menschen verborgene Entwicklungspotential glaubt.

Bisher wurden große Veränderungen immer von einer Utopie in Gang gesetzt. Man hat zum Beispiel gedacht, durch die Veränderung eines Produktionssystems würde sich auch der Mensch ändern, und so haben sich die Utopien in kürzester Zeit in Höllen verwandelt, Schmerz und Tod nach sich gezogen. Die gesellschaftlichen Utopien sind die tragische Enttäuschung dieses Jahrhunderts gewesen. Der Grundirrtum war, zu glauben, durch Änderung der Gesellschaftsstrukturen würde sich auch der Mensch wie von alleine ändern. Ich dagegen glaube, daß das Gegenteil passieren muß: Nur der Mensch, dem es gelungen ist, innerlich zu wachsen, nur der bewußte Mensch kann daran arbeiten, daß sich die Zustände ändern. Es gilt Hoffnung zu schöpfen und sie wachsen zu lassen, in uns und unseren Nächsten zu nähren, sich dem, was die Gesellschaft uns heutzutage aufzwingt, ihrer Vulgarität, ihrer Gewalttätigkeit, nicht zu beugen, sondern die Anzeichen der Veränderung zu erkennen, sie zu hüten und zu mehren, wie die Vestalinnen im alten Rom das Feuer hüteten – wachsam und ohne sich ablenken zu lassen.

23. Oktober

Cara Mathilda,

nach ein paar Tagen mit heftigen Gewittern ist das Wetter wieder schön geworden, morgens ist die Luft kühl und frisch, während es um die Mittagszeit wieder fast sommerlich ist. Im Gemüsegarten gibt es Unmengen Tomaten, ich pflanze immer zu viele, aber die Zucchini ermüden allmählich, und ihre Blätter sind von einem leichten weißen Schleier bedeckt. Ich glaube, es handelt sich um eine Pilzkrankheit, ich bekämpfe sie seit Jahren, ohne jedes Resultat. Mein einziger Erfolg als Gemüsegärtnerin in diesen Jahren war mein Triumph über die Karottenfliege. Ich habe den Tip in einer Zeitschrift gefunden und sofort in die Praxis umgesetzt: Neben jeder Karottenreihe muß man eine Reihe Zwiebeln pflanzen, die halten den Parasiten fern, der keinen Zwiebelgeruch erträgt.

Vor einiger Zeit habe ich ein Buch eines japanischen Agrarwissenschaftlers gelesen. Er behauptete, daß die Pflanzen erkranken, weil wir sie zu sehr schützen. Ein gesunder Samen in einem natürlich reichen Boden enthält alle Lebenskraft, die nötig ist, damit die Pflanze wächst und sich so entwickelt, wie die Natur es vorgesehen hat. Ist der Boden krank und ausgelaugt, ändert sich das. Die Pflanze, die sich entwickelt, ist im Keim bereits krank. Deshalb behandelt man sie mit Kunstdünger, besprüht sie mit Giften gegen Blattläuse und alle möglichen sonstigen Schädlinge, sowie diese auch nur andeutungsweise am Horizont auftauchen. So wächst die Pflanze zwar, aber künstlich aufgepäppelt, und was sammelt sie nicht für Gifte an, die dann direkt in unserem Körper landen!

Das Bild der zu sehr beschützten Pflanzen hat mich an etwas anderes erinnert. Vor einigen Jahren unternahm ich im Oktober mit Freunden einen Ausflug in den Nationalpark der Abruzzen. Im Gebirge gibt es bisweilen außergewöhnlich schöne Herbsttage, und so war es an jenem Sonntag. Der Himmel war klar, die Luft prickelte leicht, die Ahornbäume und die Buchen schmückten die Landschaft mit ihrem rot, orange und gelb leuchtenden Laub. Es war so zwischen fünfzehn und achtzehn Grad warm, ein Hemd und ein Pullover genügten vollauf. Nachdem wir zwanzig Minuten gewandert waren, tauchte vor uns eine Familie auf. Mutter, Vater und zwei Kinder im Schulalter. Sie waren grellbunt gekleidet, jeder von ihnen hatte einen Stock in der Hand, und sie schienen nur mühsam voranzukommen, wie Astronauten auf dem Mond. Den Grund dafür verstand ich erst, als wir sie überholt hatten. Alle vier trugen gefütterte Skianzüge, die sich besser für winterliche Kälte als für diesen lauen Herbsttag eigneten.

Die Kinder trugen sogar Handschuhe und tief in die Stirn gezogene Wollmützen. Als ich an dem jüngeren vorbeiging, habe ich gesehen, wie er, vor Hitze ganz rot im Gesicht, eine scheue Geste der Auflehnung versuchte, indem er den Reißverschluß seines Anzugs öffnete. »Bist du verrückt?« schrie die Mutter ihn sofort an. »Willst du dir eine Lungenentzündung holen? Siehst du nicht, daß wir im Gebirge sind?«

Warum mir diese Geschichte eingefallen ist? Weil diese Familie nicht wanderte, um das großartige Schauspiel zu genießen, das die Natur bot, sondern um gegen die Kälte zu kämpfen, die seit je mit dem Wort »Gebirge« assoziiert wird. Es war gar nicht kalt, aber sie kämpften trotzdem. Und nach der dritten, vierten oder fünften Wanderung ist das Kind dann vielleicht wirklich krank geworden, aber natürlich nicht wegen der Kälte, sondern weil es gezwungen war, sich auf so unnatürliche und ungesunde Weise gegen den großen, gar nicht vorhandenen Feind zu wehren.

Wie oft verhalten wir uns so im Leben? Wieviel Energie vergeuden wir, um »Ungeheuer« zu bekämpfen, die nur in unserem Kopf existieren? Und gerade dann, wenn wir diese Ungeheuer bekämpfen, wenn wir abgelenkt sind, überfallen uns die echten Probleme, die, die wir nicht vorhergesehen haben. Durch das bequeme moderne Leben haben wir uns daran gewöhnt, die große Macht unseres Körpers zu unterschätzen: Man braucht zum Beispiel nur an das Leben unserer Groß- oder Urgroßeltern zu denken, daran, wie mühsam ihr Dasein ohne Autos, elektrischen Strom, Aufzüge und so weiter gewesen ist, um sich bewußt zu machen, wie stark sich unser Selbstbild verändert hat. Mittlerweile erschreckt uns die geringste Anstrengung. Der Körper arbeitet wenig und der Kopf viel. Daß der Kopf weiser ist als der Körper, bezweifle ich ernsthaft. Wenn ich ins Schwimmbad oder an den Strand gehe, schmerzt es mich immer sehr, jede Menge Kinder zu sehen, die wie alte Leute wirken, ohne Licht, ohne Freude in den Augen. Viele, zu viele sind übergewichtig, plump, gehemmt in ihren Bewegungen. Ich betrachte sie und frage mich: »Was geht hier vor?« Es handelt sich nicht darum, der »guten alten Zeit« nachzuweinen, die vielleicht gar nicht so schön war, sondern darum, diesen Veränderungsprozeß zu begreifen. Kurz gesagt, zu begreifen, warum schon in der Kindheit dieses Gefühl des Unbehagens an sich selbst, diese Fremdheit gegenüber dem eigenen Körper spürbar ist.

Was stimmt mit dem Boden nicht, wenn die Kinder so aufwachsen?

30. Oktober

Cara Mathilda,

in den vergangenen Tagen ist mehrmals der Strom ausgefallen. Das passiert hier öfter, manchmal, weil Gewitter die Leitungen und Masten beschädigen, manchmal einfach wegen Reparaturarbeiten. Ich erinnere mich, daß es in einem Winter vor ein paar Jahren drei ganze Tage lang keinen Strom gab. Es hatte gestürmt, und nach dem Sturm hatte es auch noch geschneit. Ein auch für diese Gegend außergewöhnliches Unwetter! Zu Anfang dachte ich, die Störung würde nur einige Stunden dauern. Erst am Nachmittag, als das Sonnenlicht schwand und es im Haus dunkel wurde, habe ich angefangen, mir Sorgen zu machen. Oft ist uns nicht bewußt, wie sehr wir von den modernen Bequemlichkeiten abhängen. Vom Strom hängt der Computer ab (auf dem ich schreibe), der Kühlschrank und leider auch die Heizung. Ich hatte nur wenige Kerzen im Haus, und das Auto war im Schnee steckengeblieben. Zudem funktionierte auch das Telefon nicht. Es bestand keine Möglichkeit, der Situation zu entkommen, sich dagegen zu wehren. Ich gestehe, daß ich anfangs recht irritiert war, kaum bewegte ich mich, ging die Kerze aus, und überall im Raum gab es unheimliche, unbekannte Ecken, an denen ich mich stieß. Der Wind pfiff eisig durch die Ritzen, und das Haus kühlte rasch aus. Daraufhin habe ich den Kachelofen angeschürt und zur Ablenkung begonnen, mißmutig etwas Korrespondenz zu erledigen.

Aber nach wenigen Stunden hatte sich meine Stimmung gewandelt. Die Kerzenflamme beleuchtete das Blatt, auf dem ich schrieb, und die Gedanken versammelten sich zwischen dem weiß schimmernden Papier und dem kleinen Licht. Draußen heulte der Wind, und im Ofen knisterten die Scheite. Es war friedlich, die Zeit stand absolut still. Die Gedanken entfalteten sich und folgten meinem ruhigen, entspannten Atem.

Jahrtausendelang, habe ich gedacht, verliefen die Abende und Nächte des Menschen so. Im Halbschatten, in der Stille, in innigem Zwiegespräch mit sich selbst. Allmählich habe ich mich an den Zustand gewöhnt, und als am Abend des dritten Tages der Strom wiederkam, erlebte ich so etwas wie einen kleinen Schock. Zu viele und zu geheimnislose Dinge umgaben mich!

Nun lebe ich schon seit sieben Jahren fast immer auf dem Land, bevor ich hierhergezogen bin, habe ich viel Zeit in einer Großstadt, in Rom, verbracht. Ich liebe Rom und glaube, es gibt keine andere Stadt auf der Welt, in der ich mit der gleichen Leidenschaft, mit der gleichen Intensität der Gefühle hätte leben können. Dennoch mußte ich sie an einem bestimmten Punkt verlassen. Es war mein Körper, der mich zu diesem Schritt zwang, Bronchialasthma hinderte mich am Atmen. Ich brauchte saubere Luft. Die Veränderung fiel mir nicht leicht. Wer denkt, das Leben in der Einsamkeit der Natur sei so idyllisch wie in den Werbespots für bestimmte Kekse, irrt sich gewaltig. Der Übergang von der Hektik und dem Lärm in der Stadt zur Stille auf dem Land kann das Nervensystem ganz schön anknacksen. In der Stadt kann man sich leicht ablenken, auf dem Land nicht. Auf dem Land gibt es kaum Möglichkeiten, vor sich selbst zu fliehen. Und was ist das Leben denn meistens, wenn nicht eine ständige, hastige, mühelose und schlaue Flucht vor sich selbst? Sich abzulenken ist leicht und natürlich, Gelegenheiten dazu bieten sich fast unbegrenzt und erfordern keinerlei Anstrengung, es genügt, auf den Knopf einer Fernbedienung zu drükken... Sich zuviel abzulenken ist aber auch sehr gefährlich: Vor lauter Ablenkung kann es zuletzt geschehen, daß man morgens aufsteht, in den Spiegel schaut und einen Menschen sieht, den man nicht kennt. Wer bin ich? Wohin gehe ich? Was tue ich? Ich weiß es nicht. Ich mache das, was die anderen machen. Ich schlage mich so durch, und das genügt mir, ich gebe mich damit zufrieden.

Es liegt eine Armut in dieser Art von Leben, die anders ist als die materielle Armut von früher. Eine innere Armut, die weniger angst macht als entwürdigt, denn sie hindert uns daran, den großen Reichtum, die großen Fähigkeiten zu entfalten, die in jedem von uns schlummern. Warum ich dieses Thema mit der anfänglichen Beschreibung des Stromausfalls verknüpfe? Weil ich überzeugt bin, daß der Mangel an Räumen und Situationen, in denen man Stille und Sammlung erleben kann, diese Flucht vor sich selbst grundlegend mitbedingt. Einsamkeit hilft uns außerordentlich dabei, Intimität mit uns selbst herzustellen. Und paradoxerweise ist Einsamkeit auch das beste Mittel, um zu lernen, mit anderen zu kommunizieren. Nur wenn ich mich selbst kenne, das heißt, wenn ich mein Inneres kenne, kann ich den anderen auf dieser Ebene ansprechen. Wir werden überschüttet, eingekreist, erstickt und erwürgt von all den Wörtern, die von überallher auf uns einstürmen. Je weniger es zu sagen gibt, desto schneller vermehren sich die technischen Hilfsmittel, um es zu sagen. Es ist tragikomisch, aber so ist es. Ströme von Wörtern, um nichts zu sagen. Ströme von Wörtern, um sich immer einsamer zu fühlen.

6. November

Cara Mathilda,

in diesem Jahr war der Sommer hier bei uns besonders launisch. Im Juni waren die Temperaturen hochsommerlich, und die Leute auf der Straße sagten: »Was wird erst im August aus uns, wenn es jetzt schon so heiß ist?« Doch der August hat uns geschont und uns ein herbstliches Klima beschert: strömenden Regen und ungesund kalten Wind. Jetzt ist November, und der Regen dauert an, aber die Luft ist mild, erst gestern habe ich die Sommersachen weggeräumt und die Pullover hervorgeholt, und ich weiß nicht, ob ich gut daran getan habe. Was wird geschehen, wenn es so weitergeht? Vielleicht müssen wir bald wieder die Sandalen und die Badesachen auspacken... Mittlerweile wird überall auf der Welt ständig über die Anomalien des Wetters diskutiert. Anfang September sind zwei Flugzeuge der NASA aufgebrochen, um saubere Luft zu suchen, die letzte, die noch übrig ist, falls es sie noch gibt. Auch sauberes Wasser scheint nur noch in Form von Eis vorzukommen, in den tiefsten Schichten der antarktischen Eisdecke.

Seit ihrer Entstehung bis heute hat die Erde schon eine ganze Menge Veränderungen durchgemacht, und den verschiedenen Formen von Leben ist es auf die eine oder andere Weise immer gelungen, diese manchmal wirklich drastischen Veränderungen zu überleben. Der große Unterschied zwischen den in fernen geologischen Zeitaltern erfolgten atmosphärischen Veränderungen und den heutigen besteht jedoch darin, daß jene sozusagen *im* Programm der Natur selbst vorgesehen waren, während unsere von *außen*, also von dem »sekundären« und eigenständigen System ausgelöst werden, das die menschliche Zivilisation darstellt.

Ich mag das Wort »Schuld« nicht und verwende lieber den Ausdruck »Verantwortung«. Schuldgefühle wirken oft lähmend, während Verantwortungsgefühl eher zum Handeln drängt.

Seit über einem Jahrhundert halten wirtschaftliche Ausbeutung und Zerstörung miteinander Schritt, und für diese Zerstörung und Verkommenheit unseres Planeten ist einzig der Mensch verantwortlich; anstatt die Erde sorgfältig zu behandeln wie ein ihm anvertrautes Gut, hat er sich aufgeführt wie ein absolutistischer Herrscher, dem es freisteht, über alles nach seinem Gutdünken zu verfügen. Dabei hat er ganz vergessen, daß auch er von Luft, von Wasser und von der Nahrung lebt, die Tiere und Pflanzen ihm liefern, und daß es, wenn es erst keine Luft und kein Wasser mehr geben wird, auch ihn, den König, nicht mehr geben wird. In alldem liegt eine wahnsinnige Überheblichkeit, findest Du nicht?

Wenn ich an den historischen Moment denke, in dem wir leben, fällt mir immer das Bild einer Gratwanderung ein. Der Weg ist schmal, rechts und links sind Abgründe; um nicht abzurutschen, muß man ständig aufpassen, wohin man den Fuß setzt, und vorwärts gehen, ohne sich ablenken zu lassen.

Die Zeit der Ideologien und der großen utopischen Träume ist vorbei. Leere macht sich breit, und diese Leere macht angst. Diese Leere kann man mit allem möglichen füllen, mit Zerstreuung, mit Zerstörung – schon wieder! – oder mit einem Projekt.

Es wird wenig benutzt, dieses Wort, und doch ist es so schön. Ein Projekt hat nichts von der Großartigkeit des Traums oder der Utopie, ein Projekt ist etwas Überschaubares, Zugängliches. Mit einem Projekt baut man etwas auf, langsam, geduldig, und wir sind dabei selbst für unsere Entscheidungen verantwortlich.

Mit einem Projekt verbindet sich keine neue, alles übertreffende Ordnung, und gerade deshalb ist es frei von Überspanntheiten und Fanatismus. Das Projekt betrifft nicht ganze Völker, Nationen oder Ethnien, sondern einzelne Individuen, und sein mögliches Scheitern kann man nicht der Geschichte, dem Kapitalismus, dem Faschismus oder dem Kommunismus anlasten, sondern nur sich selbst. Was heißt es, ein Projekt zu haben? Es heißt nur, sich eine andere Art zu leben vorzustellen und dies unmittelbar umzusetzen, ohne irgend etwas an jemanden zu delegieren, einfach durch Handeln.

Bei unserer Gratwanderung ist das Projekt genau der schmale Streifen Erde, auf den wir unsere Füße setzen. Er ist schmal, aber man kann ihn verbreitern. Je mehr Projekte es gibt, um so weniger Raum wird der Leere gelassen. Ich glaube stark an diese kleine-große Revolution, die Revolution der individuellen Verantwortung.

Ab und zu schließe ich die Augen und versuche, sie auch zu sehen: Da sind weder Hymnen noch Fahnen, sondern viele kleine Lichter, die nacheinander aufleuchten. Es sind keine elektrischen Scheinwerfer, sondern Fackeln oder

Kerzen, flackernd erhellen ihre Flammen das Dunkel der Nacht ringsumher.

13. November

Cara Mathilda,

als ich vor einigen Tagen mit dem Zug aus Rom zurückkehrte, beeindruckte mich das warme, goldene Licht der umbrischen Landschaft. Wie anders, habe ich gedacht, ist das Licht an dem Ort, wo ich geboren bin. Da ist mir die einzige, lange Reise wieder eingefallen, die wir zusammen unternommen haben, vor nun zehn Jahren, von Rom nach Triest. Auch Dich hatte das Licht dort beeindruckt. »Man friert, wenn man es nur sieht«, hattest Du bemerkt, während der Zug aus dem Bahnhof von Cervignano hinausfuhr. Schon seit dem Tag, an dem wir uns kennenlernten, hatte ich Dir versprochen, Dich nach Triest mitzunehmen. Du träumtest schon als Mädchen von dieser Stadt, während Du im Herzen Afrikas lebtest. Du hattest die *Duineser Elegien* von Rilke gelesen, und von dem Augenblick an hattest Du Dir gewünscht, das Schloß von Duino zu sehen, den Ort, an dem der Vers geschrieben wurde, der Dich am meisten beeindruckt hatte: *Jeder Engel ist schrecklich*.

Allerorten wird inzwischen ein Grabgesang auf die Bücher und die Literatur angestimmt, die Elektronik und die damit verbundenen Kommunikationsformen verschlingen immer mehr Raum, und es scheint fast unmöglich zu sein, daß in zehn oder zwanzig Jahren jemand noch etwas so Altmodisches tun könnte, wie ein Buch aufzuschlagen. Ich glaube nicht, daß es je soweit kommen wird, denn Bücher sind unersetzlich. Bücher dienen dem Verstehen und der Verständigung, sind dazu da, auch in weit voneinander entfernt lebenden Personen einen gemeinsamen Kosmos zu erschaffen. Wenn ich zum Beispiel *Moby Dick* gelesen habe und Du auch, so haben wir eine Vielzahl von Themen, über die wir uns unterhalten können: die Personen, die Handlung, die Abneigungen und Vorlieben, die aufregenden und die langweiligen Stellen.

Lesen bedeutet im Grunde genommen nichts anderes, als einen kleinen Garten in unserem Gedächtnis anzulegen. Jedes schöne Buch erweitert ihn, um ein Blumenbeet, einen Weg, eine Bank zum Ausruhen, wenn man müde ist. Mit den Jahren, indem man ein Buch nach dem anderen liest, verwandelt sich der Garten allmählich in einen Park, und es kann geschehen, daß man in diesem Park jemand anderen trifft. Man kann, so wie wir, eine Freundschaft entdecken, man kann – warum nicht? – der Liebe begegnen oder auch einfach an einem besonders düsteren, bedrückenden Tag ein wenig Erholung finden. Lesen ist weder eine Pflicht noch ein bitterer Kelch, der in der Hoffnung auf wer weiß welche Wohltat bis zur Neige geleert werden muß. Lesen heißt, sich einen kleinen persönlichen Schatz an Erinnerungen und Gefühlen zuzulegen, einen Schatz, der nie genau dem eines anderen gleichen wird und den wir dennoch mit anderen teilen können.

Dieses Sprechen über Bücher hat mich weit von dem anderen, viel weniger poetischen Grund weggeführt, aus dem Du damals nach Triest wolltest. Der andere Punkt, der uns von Anfang an verbunden hat, war das Interesse für die Nazizeit. Ich schreibe »Interesse« und empfinde schon beim Schreiben ein Unbehagen wegen der Unzulänglichkeit des Ausdrucks. Es ist viel mehr und auf schreckliche Weise viel undefinierbarer. Wir hörten nicht auf, uns zu wundern und uns zu fragen, wie diese kollektive Bewußtseinstrübung möglich werden konnte.

Für mich war es eine »natürliche« Tatsache. Ich bin an den Orten geboren und aufgewachsen, wo dieses Grauen in Erscheinung getreten ist, ich habe stets Beunruhigung verspürt wegen dieses Abgrunds, der sich, historisch betrachtet, erst seit so kurzer Zeit wieder geschlossen hat. Aber für Dich war das anders, alles was Du wußtest, hattest Du aus Büchern erfahren. Deshalb wolltest Du Risiera di San Sabba, das einzige Vernichtungslager Italiens, persönlich besuchen, um die Gewißheit zu haben, daß es das alles tatsächlich gegeben hatte.

Jedesmal, wenn wir eine Schallplatte mit klassischer Musik hörten oder das Werk eines Philosophen oder eines Schriftstellers lasen, fingen wir an zu rechnen. Gab es dieses Buch, diese Platte schon in der Nazizeit? fragten wir uns. Und in den meisten Fällen lautete die Antwort »ja«. Es gab sie schon. Was hatten dieses Buch und diese Platte also genutzt? Wie war es möglich, daß Menschen, die in der Lage waren, solche Gedanken zu schätzen und solche Musik zu genießen, nicht auch in der Lage waren, alles zu sehen, was rund um sie geschah, und dagegen zu kämpfen?

Ich habe viele Essays über die Nazizeit gelesen, habe

mit mehreren Personen gesprochen, die dieses Grauen überlebt haben. Ich habe viele Antworten bekommen, aber es waren immer partielle Antworten. So ähnlich, wie wenn man versucht, einen Tisch mit einem zu kleinen Tischtuch zu bedecken, man zieht an der einen Seite, zupft an der anderen, und ein Teil bleibt doch immer unbedeckt. Mir kommt wieder die Frage in den Sinn, die wir uns an jenem Nachmittag gestellt haben, als wir aus Risiera di San Sabba herauskamen. Es wehte ein eisiger Wind. Was für eine Kultur, haben wir uns gefragt, ist eine Kultur, die den Menschen nicht im Inneren berührt?

20. November

Cara Mathilda,

erinnerst Du Dich noch an die kleine Bar an der Piazza in der Nähe meiner Wohnung? In letzter Zeit hat sie sich vergrößert, es stehen jetzt Tische draußen und drinnen Videospiele. Auch der Kundenkreis hat sich verändert, anstelle der Rentner hängen vor dem Lokal ständig Gruppen von Jugendlichen auf ihren Mopeds herum. Was mich am meisten beeindruckt, wenn ich an ihnen vorbeigehe, ist die teilnahmslose Härte ihrer Blicke. Ihre Augen besagen, daß sie nichts mehr vom Leben erwarten, aber gleichzeitig fest entschlossen sind, das bißchen zu behalten, das sie schon erobert haben. Keine Unruhe liegt darin, sondern Passivität, und das macht mich am traurigsten; an Unruhe erkennt man, daß etwas in Bewegung ist, Passivität dagegen ist ein Zeichen von Resignation. Diese Passivität betrifft leider nicht nur die Jugendlichen, ebensolchen Blicken kannst Du auch im Bus oder zwischen den Regalen eines Supermarkts oder an einem Schultor begegnen.

Passivität ist eines der großen Gifte unserer Zeit. In dem Augenblick, in dem man beschließt, nicht mehr zu wachsen, in dem man innehält, weil man denkt, daß man nicht weitergehen kann oder darf, wird man passiv. Man dreht einen Schalter und verschließt sich damit dem Reichtum, den das Leben uns ständig bietet.

Aber wer hat denn gesagt, daß es eine Grenze gibt, geben muß? Die Körpergröße ist festgelegt – ich bin einen Meter siebzig groß und werde es immer bleiben –, aber dem Innenleben sind keine Grenzen gesteckt. Wir selbst erlegen sie uns auf mit unseren Ängsten, unserer Furcht, unseren Vorurteilen.

Immer häufiger höre ich Freunde und Bekannte sagen: »O nein, dafür bin ich zu alt...« Meist sind es Leute um die Vierzig, und gewöhnlich antworten sie mit diesem schicksalhaften Satz auf den Vorschlag, etwas Neues auszuprobieren. Das ist ein schlimmes Symptom, nicht wahr? Mit vierzig beginnt man, einen Fuß ins Vorzimmer des Alters zu setzen, man zieht sich zurück, das Gedächtnis wird immer schlechter, der Körper funktioniert nicht mehr so wie früher...

Aber ist es so, sind wir wirklich sicher, daß es so ist? Sind wir wirklich sicher, daß es nicht der Dämon der Passivität ist, der uns diese Dinge einflüstert? Selbstverständlich läßt das Gedächtnis am Ende nach, wenn ich mich nie anstrenge, mich nie bemühe. Es hat ja auch recht: Es fühlt sich nutzlos!

Genauso wird sich mein Rücken, wenn ich mich zwanzig Jahre nicht bücke, um etwas aufzuheben, im einundzwanzigsten Jahr nicht mehr beugen. Warum nicht? Einfach weil wir ihm so lange gesagt haben, er brauche es gar nicht erst zu versuchen. Aber es ist immer mein Verstand, der das entscheidet, kein unausweichliches Schicksal.

Dank meiner Leidenschaft für östliche Kultur konnte ich einige Meister der Kampfkunst in Aktion sehen. Es waren Männer in fortgeschrittenem Alter, solange sie still dastanden, hätte man sie auch für Greise halten können, die wackelig auf den Beinen waren, aber sobald sie sich bewegten, änderte sich alles: In ihren Körpern lagen eine Kraft und eine Elastizität, wie ich sie bei keinem jungen Mann je gesehen habe. Es ist leicht und bequem, zu denken, diese »Leistungen« seien das Ergebnis irgendeines Zaubertranks oder eines Jahrmarkttricks.

Die Wahrheit ist viel einfacher: Hinter dieser Schnelligkeit, hinter diesem Gleichgewicht steht ausdauernde, innere Arbeit an sich selbst, denn es ist Geisteskraft und nicht Muskelkraft, die lange jung hält im Leben.

Wenn ich mit achtzig den Rücken biegen kann, so heißt das, daß ich auch gedanklich beweglich bin, es heißt, daß ich noch staunen und Verwunderung empfinden kann, es heißt, daß ich es im Lauf der Jahre verstanden habe zuzuhören, anstatt zu urteilen, daß ich den Schmeicheleien der Macht widerstanden habe und mein Herz rein erhalten konnte.

Es heißt, daß ich Vertrauen in das gehabt habe, was an meinem Körper und Geist heilig ist, und daß ich beide mit

Achtung und Aufmerksamkeit gepflegt und beide habe wachsen lassen wie einen einzigen Baum. In uns allen steckt Kraft, Würde, Energie, wir haben alle einen wunderschönen kleinen Panther in uns, der darauf wartet herauszukommen. Warum also weiter sein Leben von außen bestimmen lassen?

27. November

Cara Mathilda,

hier bei uns steht der Winter vor der Tür, die Bäume haben schon den größten Teil ihrer Blätter verloren, und morgens fällt es mir wirklich schwer, aus dem warmen Bett herauszufinden. Der Gemüsegarten gleicht dem Wrack einer steuerlosen Galeone, die Tomatenstöcke ragen auf wie Segelmasten, und rundherum herrscht größte Trostlosigkeit: ein bißchen Salat, hier und da der Schopf einer einsamen Zwiebel, etwas ins Kraut geschossener Chicorée. Gewöhnlich wuchsen dort zu dieser Jahreszeit Kohlköpfe, Wirsing und Fenchel; meist waren sie, ehrlich gesagt, recht armselig, vermittelten aber doch den Eindruck, als lebte der Gemüsegarten noch. Ich leide unter dieser Situation, kann aber nichts daran ändern; in wenigen Monaten ziehe ich um, und etwas für die Zukunft zu pflanzen wäre daher nur Verschwendung.

Ein bevorstehender Umzug führt zu einem seltsamen Schwebegefühl: Man ist nicht mehr ganz an dem Ort, an dem man lebt, und noch nicht an dem Ort, an dem man leben wird; wie der Gemüsegarten verkommt auch das Haus von Tag zu Tag mehr, jedesmal, wenn ich eine Schublade aufräumen oder etwas von dem Altpapier beseitigen muß, das sich ansammelt, frage ich mich: Lohnt sich das denn? Bald ist es ohnedies soweit. Mittlerweile platzen die Schränke, die Anrichten, die Zimmer aus allen Nähten.

Seit vielen Wochen habe ich nichts mehr von Dir gehört, und wie immer erfüllt mich dieses Schweigen unterschwellig mit Angst. Nichts von einem Menschen zu hören, der zum Beispiel in Paris lebt, ist eines, doch nichts von einem Menschen zu hören, der in einem vom Krieg verwüsteten Land lebt, ist etwas anderes.

Im Oktober fand in Ottawa eine internationale Konferenz über den Einsatz von Minen statt. Ich habe geschrieben *über den Einsatz*, hätte aber schreiben sollen *über den Nichteinsatz*, denn Ziel der Konferenz war ja, bis zum Jahr 2000 den Gebrauch von Minen ganz abzuschaffen.

Die Konferenz ist erbärmlich gescheitert, keine Nation war bereit, auf eine so billige und wirksame Waffe zu verzichten. Alle dreißig Minuten explodiert eine Mine auf der Welt, ihre »Lebensdauer« beträgt etwa fünfzig Jahre.

Das bedeutet, daß im Jahr 2040 viele Menschen an den heute gelegten Minen sterben werden, sie sterben wegen eines Krieges, an dessen Namen und Ursache man sich vielleicht gar nicht mehr erinnern wird.

In einigen Ländern liegen für jedes Kind, das geboren wird, schon ein paar Minen bereit. Eine rosa Schleife an der Wiege, eine blaue Schleife, und rechts und links zwei schöne Metallgegenstände.

Wie tief verwurzelt und wie wahnsinnig ist der Haß des Menschen auf den Menschen: Wegen einer Idee, wegen einer Grenze ist er fähig, für zukünftige Generationen den Tod auszusäen. Jetzt gibt es einen Verein, der sich zur Aufgabe macht, an Kinder T-Shirts mit aufgedruckter Minenwarnung zu verteilen. Als ich klein war, gab es solche T-Shirts nicht, aber Minen schon: In der Eingangshalle der Grundschule, die ich besuchte, hing ein großes buntes Plakat, es sah aus wie ein Comic, nur daß die dargestellte Geschichte kein bißchen lustig war. Sie erzählte von einer Gruppe Kinder, die auf einer Wiese spielten und einen Sprengsatz fanden; anstatt ihn liegenzulassen, wo er war, schlugen sie darauf herum und flogen in die Luft. Es muß didaktisch recht wirksam gewesen sein, weil ich mich nach so langer Zeit noch genau daran erinnere.

Vor Jahren lernte ich auf einer Tagung eine Dichterin in meinem Alter kennen, die auf der anderen Seite der Grenze geboren und aufgewachsen war. Zwischen uns entstand sofort Sympathie, und so sprachen wir lange darüber, wie der Krieg – dieser Krieg, der vorbei war, aber vielleicht nur vorbei zu sein schien – unsere kindliche Wahrnehmung beeinflußt hatte und wie diese Wahrnehmung in unsere Kreativität eingeflossen war und uns einen besonderen Blick für den Schmerz um uns herum verliehen hatte.

Dort oben bei uns war auf der einen wie auf der anderen Seite der Grenze alles extremer und bitterer gewesen, es hatte den Krieg gegeben, die Besatzungszeit, das Vernichtungslager, die Dolinen, die ethnischen Konflikte, und das alles war in den fünfziger und sechziger Jahren noch außerordentlich lebendig und spürbar.

Wie oberflächlich, zu glauben, Kriege endeten mit der Verkündung des Waffenstillstands!

Haben sich Haß und Gewalt einmal entzündet, schwelen sie immer weiter, verbreiten sich unterirdisch, fern von den Blicken, wie die Wurzeln mancher Unkrautsorten. Man ist überzeugt, man habe sie vollkommen ausgerottet, da sieht man sie plötzlich stark und kraftvoll auf der anderen Seite der Wiese sprießen. Um Minen und Sprengsätze unschädlich zu machen, sind ausgeklügelte Technologien erfunden worden, es gibt entsprechende ferngesteuerte Roboter und Männer und Frauen, die dafür jeden Tag ihr Leben riskieren. Natürlich braucht man aberwitzig viel mehr Zeit, um sie zu entschärfen, als dazu, sie scharf zu machen. Zerstören ist immer der kürzeste Weg: Um zu töten, muß man nur abdrücken, um nicht zu töten, muß man die riesige Anstrengung unternehmen zu versuchen, einander zu verstehen.

Es sind nicht nur Sprengsätze wegzuräumen, es ist auch dringend nötig, die Herzen zu entminen, sich an Verständnis anstatt Verurteilung zu gewöhnen, an Öffnung anstatt Ablehnung, daran, den Frieden nicht als Idee, sondern als den Rhythmus unseres Lebens zu erfahren.

4. Dezember

Cara Mathilda,

danke für die Fotos von Virginia und Gabriele. Beide haben den gleichen leuchtenden Blick wie Du. Ich habe mich auch gefreut zu hören, daß Du eine neue, weniger gefährliche Arbeit gefunden hast. Oft habe ich in Gedanken Deinen Mut bewundert, zumal Du auch noch Mutter bist.

Abends beim Zubettgehen dachte ich manchmal an Dich und versuchte mir vorzustellen, wo Du bist. Ich habe nicht vergessen, was Du mir von Deinen Expeditionen erzählt hast, bei denen Ihr die allernötigsten Hilfsgüter in die vom Krieg verwüsteten Gebiete bringt. Ich sah Dich neben dem Fahrer in dem klapprigen Lastwagen sitzen und auf ungepflasterten Straßen fahren, im kleinen Licht der Scheinwerfer, Ihr beide allein, und rundherum Nacht, eine bedrohliche Nacht voller lauernder Minen und verrückt gewordener Menschen. So sah ich Dich, und in dem Lastwagen sah ich das Leuchten Deines Blickes, spürte die Fröhlichkeit Deiner Worte, Deinen Willen, nie aufzugeben. Eine ernste Fröhlichkeit, die Fröhlichkeit eines Menschen, der – wie Du eines Tages gesagt hast – »das große Schlachten, den großen Schmerz, der über das Alltagsleben hereinbricht«, kennt und sich von diesem Schmerz doch nicht überwältigen läßt.

Als ich heute zwischen den Abgasen eines Busses und dem Fluchen eines ungeduldigen Autofahrers auf dem Moped durch die Stadt fuhr, dachte ich genau daran, an die Fröhlichkeit. Wo ist sie geblieben? Ich schaue mich um und sehe keine. Es gibt keinen Grund zum Fröhlichsein, sagen die Leute rings um mich her, und es ist wahr, aber sicherlich gibt es dort, wo ihr lebt, noch viel weniger Grund zum Fröhlichsein. Tod, Verwüstung, Hunger, Verletzte und beständige Instabilität sind Euer täglich Brot. Trotzdem könnt Ihr Euch noch Eures Lebens freuen.

Ich gehe durch die Straßen und beobachte die Gesichter, den Ausdruck der Leute, ihre Körper, ihre Bewegungen, ihre gesenkten Blicke. Und je länger ich sie beobachte, desto mehr frage ich mich: Wo sind die Personen? Anstelle von Menschen sehe ich allerorten Masken: Masken der Trauer, Masken des Grolls, Masken der Verzweiflung. Manchmal habe ich fast den Eindruck, ein böser Zauber sei über die Stadt gekommen: Als alle schliefen, hat eine besonders mächtige Hexe das Lächeln ausgelöscht und Stumpfheit über die Gesichter gebreitet. Groll, Aggression und Gewalttätigkeit sind mittlerweile beinahe die einzigen Gefühle, die unsere zwischenmenschlichen Beziehungen bestimmen.

Vor ein paar Tagen habe ich mit einem befreundeten Arzt zu Mittag gegessen. Im Lauf der Unterhaltung hat er gesagt: »Eine große Krankheit, ein großer Wahnsinn breitet sich in den Menschen aus wie ein Steppenbrand.« Hilflosigkeit lag in seinen Augen, Ohnmacht. Wie hätte ich ihm widersprechen können? Ein Arzt hat einen bevorzugten Beobachterposten inne, er weiß, daß das Unbehagen der Seele die Körper verwüstet, sie grau und störanfällig macht, den seltsamsten Krankheiten ausliefert.

Erinnerst Du Dich an Shen Mei, die chinesische Freundin, mit der wir bei Deinem letzen Besuch einen Spaziergang im botanischen Garten gemacht haben? Sie war auch Ärztin, und bevor sie in ihr Land zurückkehrte, hat sie mir ungefähr das gleiche gesagt: »Ich war jetzt fünf Jahre in Italien, und während der ganzen Zeit habe ich nie jemanden wegen einer echten Krankheit behandelt. Alle kamen mit einem körperlichen Symptom zu mir, aber in Wirklichkeit handelte es sich um ein seelisches Problem. Anstatt in sich hineinzusehen, blickten sie nach außen, und wenn ich sie aufforderte, nach innen zu schauen, liefen sie weg und riefen: Sie ist nicht fähig, mich zu behandeln!« Beim Abschied umarmte sie mich und fügte hinzu: »Ich fühle mich wie ein kleines Kind, in mir ist alles klar, und rund um mich herum ist alles so durcheinander.«

Seele! Welcher Arzt traut sich noch, dieses Wort auszusprechen? Die Seele ist aus unseren Gedanken verschwunden wie eine sanftmütige alte Tante, die in der Dachkammer eingesperrt ist. Mit technisch immer raffinierteren Systemen sind die Ärzte mittlerweile in der Lage, jeden kleinsten Teil unseres Körpers zu analysieren.

Die Medizin hat sich hochgradig spezialisiert, hat aber bei diesem Run auf Spezialwissen vergessen, daß jedes Organ in die Gesamtheit und Vielschichtigkeit des menschlichen Wesens eingebettet ist. Und sie hat nicht beachtet, daß der Körper stark von der Psyche beeinflußt wird, auf Neurosen und Unsicherheiten so empfindlich reagiert wie ein Pferd mit zu straffem Geschirr.

11. Dezember

Cara Mathilda,

als ich vorgestern die Weihnachtskrippe aufbaute, ist mir bewußt geworden, daß wir noch nie zusammen Weihnachten gefeiert haben. Es wäre schön, wenn es uns nächstes Jahr gelänge, im neuen Haus, mit Deinen Kindern. Kindern! Was sage ich da! Nach dem Foto zu urteilen, das Du mir geschickt hast, muß ich mich mit dem Gedanken vertraut machen, daß Virginia schon beinahe ein junges

Mädchen ist. An den Kindern meiner Freunde sehe ich besonders deutlich, wie die Zeit vergeht. Mit dem Stolz einer »Tante« kann ich sagen, daß ich sie alle von Geburt an kenne und nun ein gewisses Staunen kaum verhehlen kann, wenn ich sehe, daß manche von ihnen sich auf die Führerscheinprüfung vorbereiten oder den unvermeidlichen Einberufungsbefehl erhalten.

Aber es ist nicht gesagt, daß es mir nicht noch vor dem nächsten Weihnachtsfest endlich gelingt, die famose Reise nach Afrika zu machen, von der wir schon seit so vielen Jahren sprechen. Ich will kein Datum mehr nennen und auch sonst nichts hinzufügen, weil unsere Pläne schon zu oft ins Wasser gefallen sind. Und außerdem ist da auch immer noch meine übliche Angst vor Ortsveränderungen: Meinem Wesen nach bin ich ein seßhafter Mensch, und der Gedanke an jedwede Reise raubt mir die Ruhe und den Schlaf. Die einzigen Reisen, die ich in ferne Länder gemacht habe, hingen mit der Arbeit zusammen, unvermeidliche »Tragödien«, über die ich im nachhinein freilich sehr glücklich war.

Letztes Jahr, als ich nach Japan gefahren bin, habe ich schon drei Monate vor der Abreise unter Alpträumen gelitten. Jetzt, ein Jahr danach, habe ich eine wunderbare Erinnerung daran. Angesichts meiner Leidenschaft für die traditionelle japanische Kultur hatte ich den Verleger gebeten, in kleinen einheimischen Hotels und nicht in riesigen Wolkenkratzern übernachten zu dürfen. Und so bin ich eines Abends in einem Gasthaus aus Holz und Bambus in der Nähe von Nara, der alten Hauptstadt, angekommen. Es lag an den Hängen eines Berges, umgeben von Wald. Unter der Holzkonstruktion plätscherte ein Wildbach, der kleine Wasserfälle und Seen bildete. Das Licht fiel durch die Baumkronen, und in den schattigen Bereichen lagen einige Hirsche. Der Name des Gasthauses war *Die Tage und die Nächte, die Monate und die Jahre.* Meine Begleiterin hat mir dann erklärt, daß Hotels in ihrer Kultur eine ganz andere Bedeutung haben als in unserer. »Bei uns«, hat sie zu mir gesagt, »geht man in ein Hotel, wenn man eine Zeit innerer Sammlung braucht. Um in Freiheit allein zu sein.« Und in der Tat gab es in dem Gebäude keinen Raum, der als »Speisesaal« eingerichtet war wie bei uns. Essen wird als äußerst private Angelegenheit betrachtet, die man mit keinem Fremden teilen möchte. So hat man uns – nachdem uns ein Kimono überreicht worden war, damit wir es bequem hatten – die Mahlzeit auf unserem Zimmer serviert. Um sechs war das Abendessen schon zu Ende, und wir hatten nichts mehr zu tun und verbrachten den Rest des Abends damit, aus dem Fenster zu schauen. Man hörte nichts als das Zirpen der Insekten, begleitet vom Rauschen des Wassers und des Windes, der die Blätter bewegte, und ab und zu das Röhren eines Hirsches. Ich erinnere mich an jene Nacht – die in ein so »erfülltes« Schweigen getaucht war – voller Freude über ein unverhofftes Hochgefühl. Die Zeit hatte sich geweitet, hatte die gewohnten Kleider abgelegt, um sich mit Heiligkeit aufzuladen.

Am Morgen, als Sonnenlicht durch die Papierwände sickerte, ist mir aufgefallen, daß es rund um mich keinen einzigen glänzenden Gegenstand gab, sogar der Spiegel war schamhaft mit einem dunkelgrünen Tuch verhängt. Da fiel mir wieder ein, was ich in einem Buch gelesen hatte: Nach der Kultur des alten Japans ist alles, was glänzt, wertlos, vulgär. Eine neue Tasse oder Vase gilt als grauenhaft. Warum denn vulgär? wirst Du Dich fragen. Weil ein glänzender Gegenstand ein neuer Gegenstand ist, der noch nicht vom Gebrauch geadelt und bereichert wurde. Eine angeschlagene Tasse dagegen, eine vom vielen Tee, der daraus getrunken wurde, dunkle Tasse hat mit uns gelebt, ist ein Gegenstand, dem wir Geduld und Aufmerksamkeit entgegengebracht haben, ein Gegenstand, der sich mit der Zeit mit unseren Gemütszuständen und Empfindungen aufgeladen und es uns mit seinen Diensten vergolten hat.

Wie gut mir diese Vorstellung gefällt! Glaubst Du nicht, es könnte den Anfang einer Rettung bedeuten, diese »ethische Haltung« gegenüber Gegenständen in den fiebrigen und selbstmörderischen Wahnsinn unseres *Einweg*-Systems einzuführen? Das brauche ich, das brauche ich nicht mehr, das mag ich nicht mehr.

Ich habe von Deinen Kindern und der langen Dauer meiner Freundschaften und dann von japanischen Tassen und ihrer bedeutungsreichen Stumpfheit gesprochen. Diese Themen liegen nur scheinbar weit auseinander. Eine lange Freundschaft trägt die gleichen Spuren wie eine im Lauf der Zeit schwarz gewordene Tasse; die Alltagsgegenstände weisen Risse und Schatten auf, genau wie es in Freundschaften manchmal Risse und Schatten gibt. Um eine Tasse nicht wegzuwerfen, und das gilt ebenso für eine

Freundschaft, braucht man zwei inzwischen ungewöhnliche, aber sehr wichtige Eigenschaften: Geduld und Treue. Die Geduld ähnelt in ihrer Rolle einem Ziegelstein, die Treue einer Wurzel. Geduld bewahrt vor dem Gehetztsein, und Treue vor Konsum. Wenn ich sie mir bildlich vorstelle, sehe ich kleine Ziegelsteine vor mir oder Wurzeln. Mit Ziegelsteinen baut man, dank Wurzeln wächst man.

18. Dezember

Cara Mathilda,

gestern war ich den ganzen Nachmittag in der Stadt unterwegs, um Weihnachtsgeschenke für die Kinder und mir nahestehenden Menschen zu kaufen. Die Straßen waren voller Leute, und an der leicht nervösen Hast war das Nahen der Festtage zu spüren. Ab und zu schnappte ich ein Gespräch auf. »Auch dieses Jahr müssen wir es wieder mitmachen«, sagte eine Signora mit verbittertem Gesichtsausdruck. »Aber ich schwöre, es ist das letzte Mal, nächstes Jahr fahren wir am 23. weg und auf Wiedersehen allerseits.« Es hörte sich an, als stünde nicht ein Fest bevor, sondern eine Naturkatastrophe! Man »muß« Geschenke kaufen für die lästige Schwiegermutter, für den Neffen, den man kaum kennt, für die Schwägerin, die man ständig sieht und nicht ausstehen kann; statt Freude herrscht ein Gefühl von Zwang. Kurz und gut, da das Weihnachtsfest für die meisten seinen religiösen Sinn verloren hat, hat es sich in eine Art kleine Hölle verwandelt, in einen familiären Guerillakrieg der schlechten Laune, der sich weit über Dreikönig hinzieht.

Das Grundgefühl, das diese Zeiten beherrscht, ist die Unzufriedenheit. Alle sind mit allem unzufrieden, und das einzige, was man dagegen tun kann, ist klagen. Man beklagt sich über Weihnachten, rennt klagend herum, um Geschenke zu suchen, kauft hastig meist nutzlose und manchmal teuere Gegenstände, die dem Empfänger wahrscheinlich nur eines sagen werden: daß man sich der Konvention gebeugt hat. Aber Geschenke machen beinhaltet viel mehr, als nur in ein Geschäft zu laufen und einige Dinge zusammenzuraffen. Um einen Gegenstand für einen lieben Menschen zu finden, muß man sich eine Menge Zeit lassen und es verstehen, sich den Gedanken und der Sensibilität des anderen zu öffnen.

Was gibt es denn Traurigeres, als ein Päckchen auszuwickeln und etwas darin zu finden, das uns nicht im geringsten betrifft? Erinnerst Du Dich an das Geschenk, das ich Dir zum Flughafen mitbrachte, als wir uns zum erstenmal für lange Zeit getrennt haben? Es war eine Bleistiftzeichnung von zwei kleinen Eulen mit weit geöffneten Augen. Eines Tages hattest Du zu mir gesagt: »So bin ich, ich will alles sehen, alles verstehen, ich werde es nie müde, mich umzuschauen.« Das hatte mich auf die Idee mit der Eule gebracht, das alte, Athene beigegebene Sinnbild der Weisheit. Obwohl ich schon länger nicht mehr gezeichnet hatte, holte ich Block und Bleistifte hervor und arbeitete eine ganze Woche lang. Als ich fertig war, schrieb ich auf die Rückseite: »Das sind wir, zwei kleine Eulen, die wachsam in die Nacht hinausblicken.« Als Du Monate später aus Afrika zurückgekommen bist, brachtest Du zwei aus Holz geschnitzte Antilopen mit. In diesem Augenblick stehen sie hier auf meinem Schreibtisch und sehen sich mit aufmerksamem Ausdruck in die Augen. »Das sind wir beide«, hast Du gesagt, als Du sie mir überreicht hast, »wir haben gleich lange Beine, wir werden bis ans Ende unserer Tage nebeneinanderher laufen.«

Welchen Geldwert mögen unsere Geschenke haben? Bestimmt ein lächerlich kleiner Betrag. Sie haben jedoch einen unschätzbaren Erinnerungswert in unserem Gefühlsleben. Hier bei uns, in der reichen Welt der nördlichen Hemisphäre, wo sich die Leute über die Sklaverei der Weihnachtsgeschenke beklagen, sind wir extrem arm, materiell sind wir vielleicht reich, aber innerlich wie abgestorben. Wenn ich die Augen schließe und an den modernen Menschen denke, kommt mir ein bedauernswertes Bäumchen in den Sinn, das vor Jahren auf dem Bürgersteig vor meinem Haus in Rom wuchs oder es jedenfalls versuchte. Ich weiß noch, daß es ein Oleander war, denn eines Tages im Frühling hatte es, wahrscheinlich unter Aufbietung all seiner Kräfte, unter den Blicken der Passanten zwei kleine rosa Blüten entfaltet. Sein Stamm war schwarz und schmächtig wegen der Abgase, und am Wurzelansatz hatte man ihm nicht genug Raum zum Atmen gelassen.

Kurz, dieser Baum lebte nicht, sondern kämpfte einzig ums Überleben. Rund um ihn schossen die Autos und Mopeds mit dröhnendem Auspuff vorbei; abends luden die umliegenden Geschäfte und Restaurants ihren Müll zu seinen Füßen ab. Hier und da schmückte der Wind seine Zweige mit einer Plastiktüte. In dieser einengenden und demütigenden Umgebung konnte er sich nicht entfalten:

keine Wurzeln, keine Luft, keine Blätterkrone. Ich empfand Mitleid mit diesem Baum, mit seiner edlen Anlage, die zum Gespenst ihrer selbst geworden war. Mitleid, weil das Schicksal, in dem er zu leben gezwungen war, nicht dem Schicksal entsprach, für das er eigentlich geschaffen war.

Ist die Lage des Menschen wirklich so anders? Ich glaube nicht. Je länger ich mich umsehe, desto mehr Menschen sehe ich, die sich von ihrem Schicksal entfernt haben, Menschen ohne Wurzeln und Blätterkrone, Menschen, die sich auf narzißtische Weise zu lieben glauben und sich in Wirklichkeit verachten, Menschen, die mit allem unzufrieden, aber unfähig sind zuzugeben, daß ihre Unzufriedenheit zuallererst von ihrer eigenen Passivität herrührt.

Winter

26. Dezember

Cara Mathilda,

das Jahresende naht mit all seinen Parties und Bällen und lukullischen Festessen. Ich habe den Silvesterabend nie gefeiert und werde meine Gewohnheit auch dieses Jahr nicht ändern. Ich fürchte die Raketen, das Geschrei, den Lärm, die »Pflicht«, sich um jeden Preis zu amüsieren. Ich bin lieber vom Land ins Gebirge gefahren, nach Slowenien, zu meinem alten Freund Mauro. Ich habe Dir von ihm erzählt, er ist von Beruf Insektenforscher, kennt sich mit Pflanzen und Insekten aus wie kein anderer; wir teilen diese Leidenschaft schon, seit wir gemeinsam die Schulbank gedrückt haben. Am Neujahrsmorgen wollen wir früh aufstehen und schweigend einen langen Spaziergang durch den Wald machen. Der Boden, der frostig unter den Füßen knirscht, die schneidend kalte Luft, die Atemwölkchen, das Piepsen der Meisen auf den höchsten Ästen: Damit werden wir das kommende Jahr begrüßen.

Das kommende Jahr! Bei diesen Worten fällt mir eine Illustration aus meiner Abc-Fibel ein. Auf der Seite, die Silvester gewidmet war, befand sich unter einem Kinderreim die Zeichnung eines Greises mit weißem Bart und einem prallen Sack auf der Schulter, der neben einem pausbäckigen Kind mit einem leeren Sack in der Hand herging. Der Mann – das alte Jahr – trat mit untröstlichem, müdem Gesicht von der Bühne ab, während das Kind – das neue Jahr – triumphierend lächelte.

Als ich heute morgen auf einem zugefrorenen kleinen See Schlittschuh lief, dachte ich: Ist es wirklich so? Ist das neue Jahr wirklich ein zartes, unschuldiges Wesen? Sosehr ich mich auch anstrengte, ich konnte es nicht so sehen: Das alte Jahr trat von der Bühne ab, und ein noch älteres kam, noch gequälter, noch gebeugter vom Sturm der Zeitläufte und der Last, die es mitschleppte. Wo sind die neuen Jahre?

Ein neues Jahr setzt eine neue Geisteshaltung voraus, einen neuen Blick. Es setzt ein Projekt voraus und den Willen, es zu verwirklichen. Wenn dem Greis, der das alte Jahr symbolisierte, zufällig einen Augenblick, bevor er abtritt, der Sack aus der Hand rutschte, was fiele dann heraus? Arroganz, Beleidigungen, Korruption, Rhetorik, Lügen und falsche Versprechungen, Mangel an Respekt, Verleumdung, ganz abgesehen von dem beständigen Versuch, alles, was an Neuem und Positivem am Horizont auftaucht, in den Schmutz zu ziehen und zu zerstören. Traurig und gedemütigt zieht das Jahr 1996 von dannen, mit Unrat beladen wie ein Wagen der städtischen Müllabfuhr.

War es 1995 anders? Und 1994? Nein, ich glaube nicht. Seit Jahren erlebt unser Land einen stetigen Verfall, eine lange, dunkle Talfahrt, deren Ende nicht abzusehen ist, und man hat das Gefühl, der Mann am Steuer sei verrückt geworden. Was macht es schon, daß Frauen, Kinder und Alte dabei sind? – sagt er sich bei seiner rasanten Fahrt – Das Wichtigste ist, daß der Bus fährt, wohin ich will!

Es ist trostlos, sich bewußt zu werden, wie wenig die Verantwortungsträger um das Wohl des Landes bekümmert sind. Der Bus fährt längst am Abgrund entlang, doch aus den Lautsprechern wird uns weiter verkündet, es handle sich um eine Vergnügungsfahrt. Sollen wir so tun, als glaubten wir daran? Oder sollen wir es machen wie das Kind in Andersens Märchen *Des Kaisers neue Kleider*, den Finger und den unschuldigen Blick heben und sagen: »Der König ist nackt.«?

Denn mittlerweile hat man eine seltsame, schizophrene Lüge verbreitet. Man behauptet, die Leute seien an allem schuld. Es seien die Leute, die diesen Zustand wollten; die Leute liebten schlechte Zeitungen, miserable Fernsehsendungen, eine peinliche Politikerschicht, die Leute liebten es, sich in ethischer Verkommenheit zu suhlen wie die Schweine in ihrem eigenen Dreck.

Ich persönlich hasse das Wort »Leute« und gebrauche statt dessen lieber den Ausdruck »Person«. Ich denke, daß »Leute« *ertragen* und daß eine Person *handelt*. Ich kenne – und sehe rund um mich – eine stets größer werdende Menge von gedemütigten, peinlich berührten Personen, von Personen, die es leid sind, in diesem Klima ständiger Beleidigung der Intelligenz und Zivilisation zu leben.

An diese Personen werde ich denken, wenn es Mitternacht schlägt. Ob das alte Jahr erdrückt vom Gewicht des Unrats davongehen wird oder nicht, hängt von ihnen – von uns – ab, davon, ob wir es verstehen werden, uns gegen diese Verkommenheit aufzulehnen und Ethik und konsequentes Handeln wieder zu unseren Hauptanliegen zu machen. Davon, ob wir uns endlich wieder eine andere Zukunft vorstellen und sie in Gegenwart verwandeln können, indem wir sie zuallererst in unserem eigenen Leben in die Praxis umsetzen.

1. Januar

Cara Mathilda,

das neue Jahr hat begonnen. Alles Gute für Dich, Deine Kinder, Deine Familie und alle, die mit Dir arbeiten und leben. Ich bin noch in Urlaub in Slowenien, alles ist tief verschneit, und mein Blick hat sich an weißes Licht und Makellosigkeit gewöhnt. Wenn ich ins Tal zurückkehre, wird mir das gewiß fehlen: Es wird schwieriger sein, die Traurigkeit des braunen und grauen Farbenkleids zu ertragen, das die Natur in ihrer kahlsten Phase anlegt. Welch tiefes Gefühl von Frieden und Sammlung vermittelt doch eine verschneite Landschaft. Es ist sonderbar: Obwohl ich in einer Stadt am Meer aufgewachsen bin, liebe ich das Gebirge über alles. Mauro, bei dem ich zu Gast bin, behauptet, daß der Ort nichts damit zu tun habe, es gebe Meerestypen und Gebirgstypen. Man werde so geboren, und diese Haltung entspreche mehr einer Geistesverfassung als einer geographischen Zugehörigkeit. Seiner Ansicht nach kann man auch die Epochen auf diese Art einteilen. Es gibt Strandepochen und Gebirgsepochen. Und die Zeit, in der wir leben, ist seiner Meinung nach eine Strandepoche.

Um mich von seiner Theorie zu überzeugen, nahm er mich in ein Tal mit, das in den letzten Jahren einen großen touristischen Aufschwung erlebt hat. »Siehst du«, sagte Mauro zu mir, als wir langsam zwischen Hotelkästen und Skilifts umherwanderten und uns massenweise Leute begegneten, die wie für eine Landung auf dem Mars herausgeputzt waren, »das meine ich mit Verstrandung des Gebirges. Die Berge bilden die Kulisse, aber es fehlt die entsprechende geistige Einstellung. Die Menschen haben keine Achtung vor der Weite und Größe, die sie umgibt. Sie wollen nur Konsum und Spaß. Die Verstrandung«, schloß er melancholisch, »ist der Geist der Moderne…«

Vor lauter Alleinsein und Arbeiten im Wald wird Mauro immer mürrischer und pessimistischer, die einzigen Zeichen, die er wahrnimmt, sind solche, die die Apokalypse ankündigen. Doch andererseits, wie kann man ihm widersprechen? Sosehr ich mich auch bemühe, Hoffnung auszustrahlen, ich kann nicht bestreiten, daß der Konsumterror schwere Verwüstungen hervorgebracht hat. Was das Verhältnis von Meer und Gebirge angeht, habe ich jedoch etwas bemerkt, was ihm entgangen ist. Nicht die leere Weite oder das Gedränge machen den Unterschied aus, sondern die körperliche Anstrengung! Wo auch immer man im Gebirge wandert, früher oder später geht es bergauf. Und der Aufstieg ist immer mühsam, man muß sich überwinden, um das Ziel zu erreichen. Diese Erfahrung haben alle gemacht, die auch nur einmal eine schwierigere Bergtour unternommen haben. Früher oder später kommt der Augenblick, an dem man bereut, daß man nicht zum Beispiel lesend zu Hause auf dem Sofa liegengeblieben ist. Das Glück, das Gefühl von Genugtuung und Erfüllung stellt sich erst dann ein, wenn man den Gipfel erreicht. Die Mühe ist das Aschenputtel der Konsumgesellschaft, die Stiefschwester, die in den Keller gesperrt wird, während die anderen zum Ball gehen. Die Konsumgesellschaft berieselt uns ständig mit dem Refrain der Leichtigkeit: Der Wunsch und die unmittelbare Befriedigung dieses Wunsches sind eins – müssen es sein. Wunsch,

Kauf, Konsum: ein Kreislauf, der sich endlos wiederholt. Die Kaufkraft geht über alles. Kannst du nichts kaufen, bist du nichts, wird dir von allen Seiten eingehämmert. Und doch kann man so außerordentlich viele Dinge nicht kaufen. Die wichtigen Dinge – die einem Dasein Verwurzelung und Sinn geben – werden nicht zum Kauf angeboten, man erwirbt sie Schritt für Schritt, langsam, mit Ausdauer und Konsequenz. Die Währung, mit der man dafür bezahlt, heißt Mühe.

Vor einiger Zeit erhielt ich einen Brief von einem kleinen Mädchen. Sie schrieb: »Ich möchte Schriftstellerin und berühmt werden wie Sie. Aber sagen Sie mir gleich, ob das lang dauert und mühsam ist, weil ich dann einen anderen Weg einschlage.« Diese wenigen Zeilen geben den Geist unserer Zeit besser wieder als eine soziologische Abhandlung. Ich will das Maximum, ich will es sofort, ich will es ohne Anstrengung. Die Vorstellung des »Aufbaus« existiert nicht mehr, die Auffassung, daß man, indem man etwas aufbaut, sich selbst erschafft. Wir werden von außen montiert: Die Konsumgesellschaft setzt uns zusammen und nimmt uns auseinander wie genormte Marionetten. Um sich dem zu widersetzen, muß man an die Besonderheit und Einzigartigkeit jeder Existenz glauben. Man muß sich bewußt sein, daß das Leben kein Aussichtspunkt ist, sondern ein Weg, und dieser Weg führt oft bergan. Wenn es plötzlich steil hinaufgeht, kann man zweierlei tun, wie bei Ausflügen auch. Man kann sagen: Ich schaffe es nicht mehr, und umkehren; oder man ruht sich ein wenig aus und wandert weiter. Wer umkehrt, geht den bekannten

Weg zurück. Wer weiterwandert, geht Dingen entgegen, die er noch nicht kennt. Zu lernen, zu wachsen, etwas aufzubauen verlangt immer große Anstrengung. Aber liegt nicht gerade in dem, was wir lernen, wie wir wachsen, was wir aufbauen, die Einzigartigkeit und Unersetzlichkeit unserer winzigen Existenz?

8. Januar

Cara Mathilda,

heute morgen bin ich zur Post gegangen, um Dir mein neues Buch zu schicken. Ich hoffe sehr, daß es ankommt und nicht zu lange braucht. Erinnerst Du Dich noch an die Zeit, als meine Bücher nur Fotokopien waren, die im Freundeskreis von Hand zu Hand gingen? Das scheint Lichtjahre herzusein! In den letzten Monaten war es mir schier unmöglich, den Fuß in eine Buchhandlung zu setzen: Kaum kam ich herein, trat nämlich sofort jemand, der mich erkannt hatte, näher und fragte: »Nun, wie steht's? Wird das neue Buch so gut gehen wie das erste? Wird es sich durchsetzen? Oder nicht?« Wie peinlich! Was soll man auf so eine Frage antworten?

Vor allem in Verlagskreisen glauben viele hartnäckig, der Verkauf – und daher auch das Herstellen – von Büchern gleiche dem von Schuhen. Ich kaufe Mokassins einer bestimmten Marke, sie passen gut, sind weich und halten lang; aller Wahrscheinlichkeit nach werde ich, wenn sie abgelaufen sind, wieder ein ebensolches Paar kaufen. Aber Bücher sind keine Fertigware – oder sollten es jedenfalls nicht sein.

Die Tätigkeit des Schreibens ist eng mit der inneren Entwicklung eines Autors verbunden, in den Büchern ersteht eine Welt, die wächst und sich verändert, und findet dann ihr Publikum. Doch zu glauben, man könne das Interesse des Publikums vom Schreibtisch aus bis auf geringe Abweichungen vorprogrammieren, ist absoluter Wahnsinn und beleidigt die Intelligenz der Leser. Du machst Dir keine Vorstellung, wie viele Bücher mit einem Herzen auf dem Umschlag oder dem Wort »Herz« im Titel in diesen Jahren erschienen sind. In allen Buchhandlungen ein einziges Herzflimmern: kleine blinkende rote Lämpchen, die nur dem Zweck dienten, den Appetit der Leser anzuregen wie das berühmte Glöckchen des Pawlowschen Hundes. Aus alldem spricht eine große Naivität, findest Du nicht? Auch weil es gewöhnlich vom Inhalt und nicht vom Umschlag abhängt, ob ein Buch beim Publikum ankommt oder nicht.

Vorgestern besuchte mich Angela, erinnerst Du Dich noch an sie? Es wehte ein eisiger Nordwind, und die Temperaturen lagen weit unter Null. Wir verbrachten den ganzen Nachmittag teetrinkend vor dem Kamin. Sie fragte mich nach Dir und Deinen Kindern, und wir haben mit einem gewissen Neid daran gedacht, wie warm Ihr es jetzt habt. Dann erzählte sie mir von ihren Kindern, und wir überlegten, wie wir in ihrem Alter waren. Den Anstoß zu diesen Vergleichen gab, daß die Kinder in der Schule ihres Sohnes angefangen hatten, eine kleine Zeitung zu drukken. Schon nach wenigen Nummern hatten sie beschlossen, die Veröffentlichung wieder einzustellen, weil sie nicht genug persönlichen Gewinn daraus zogen. »Wenn die Schule uns in ihrem Alter die Möglichkeit geboten hätte, eine Zeitung herauszubringen«, kommentierte Angela, »hätten wir Freudensprünge gemacht.«

Wir haben lange darüber nachgedacht, wie radikal das Geld in den letzten zwanzig Jahren die Gesellschaft und die Beziehungen verändert hat. Für uns war es damals noch eine Schande, etwas für Geld zu machen. Doch ich will nicht den guten alten Zeiten nachtrauern, ich suche nur zu ergründen, warum der Wert des Geldes in einem historisch so kurzen Zeitraum alle anderen Werte unterhöhlt hat.

Vorgestern saß ich mit einer Gruppe fünfzehn- bis sechzehnjähriger Jugendlicher zusammen. Einige von ihnen waren sehr gescheit und aufgeweckt. Ich wollte sie auf die Probe stellen und habe gefragt: »Was würdet ihr gern werden, wenn ihr groß seid?« Ausnahmslos alle haben geantwortet: »Ich weiß nicht, irgendwas, womit man schnell viel Geld verdient: Zahnarzt, Schauspieler, Schriftsteller, Schönheitschirurg.«

Auch Angela und ich träumten davon, Medizin zu studieren, aber um in arme Länder zu gehen und dort die Kranken zu behandeln! Der Sinn, den wir unserer Zukunft gaben, lag in unserer Nützlichkeit für die Welt, nicht in der Nützlichkeit der Welt für uns. Den Auftakt zu dieser Verdrehung hat sicherlich das Fernsehen gegeben: Daß man durch einen Anruf Millionen gewinnen kann, hat die Idee, daß Geld Respekt gebührt, zum Verschwinden gebracht.

Respekt vor der Mühe, die man gewöhnlich darauf verwenden muß, es zu verdienen. Aber das Fernsehen trägt nicht allein die Verantwortung für diese Verzerrung, auch die Familien und Schulen haben mehr oder weniger bewußt kräftig mitgewirkt; denn ihnen obliegt die Pflicht der Erziehung, und sie haben – sei es aus Bequemlichkeit, Trägheit oder der Furcht, als altmodisch dazustehen – zugelassen, daß sich unkritisch Moden und Verhaltensweisen breitgemacht haben, die besser von Anfang an unterbunden worden wären. Warum sagt bloß niemand den Jugendlichen, daß die »Dinge« dazu da sind, dem Menschen zu dienen, und nicht umgekehrt?

15. Januar

Cara Mathilda,

in diesen Tagen ist mir ein ganz besonderes Büchlein in die Hände gefallen. Ich schreibe, »in die Hände gefallen«, weil ich nicht in die Buchhandlung gegangen bin, um es zu kaufen: Ich habe es einfach auf dem Schreibtisch einer Freundin liegen sehen, und als sie telefonierte, habe ich begonnen, darin zu blättern. Es zog mich magnetisch an. Beim Gehen habe ich sie gebeten, es mit nach Hause nehmen zu dürfen, und am Abend habe ich es auf einmal durchgelesen.

Es handelt sich weder um einen Roman noch um einen Essay, sondern um das Zeugnis eines Lebens. Es heißt *Das Buch von Alice*, geschrieben von Alice Sturiale, einem jungen, aber großartigen Wesen, das nun leider nicht mehr unter uns ist. Alice ist mit zwölf Jahren am Morgen des 20. Februar 1996 in ihrer Bank in der zweiten Klasse der Mittelschule gestorben, während sie über den Witz eines Schulkameraden lachte.

Sie litt von Geburt an an einer jener erblich bedingten Krankheiten – Spinalmuskeldystrophie –, die eine normale körperliche Entwicklung verhindern und das Wachstum vor der Zeit unterbinden.

Man könnte meinen, es handle sich um ein Buch voll Schmerz und Trauer, aber keineswegs: Aus jeder Seite, aus jeder Zeile von Alice spricht ein unbezwingbares, lichtes Gefühl der Freude. Den Text ergänzen mehrere Fotos von ihr, die wirklich beeindruckend sind, denn schon mit zwei, drei Jahren liegt in ihrem Blick und ihrem Lächeln eine ansteckende Fröhlichkeit.

Als ich das kleine Buch ausgelesen hatte (zum erstenmal, denn es ist eines der Bücher, die man immer wieder liest), überkam mich ein Gefühl der Dankbarkeit ihren Eltern gegenüber, die vom ersten Augenblick an begriffen hatten, welch großes Geschenk ihnen gemacht worden war. Sie hatten verstanden, das Leben ihres Kindes mit wachsamer und hingebungsvoller Fürsorge zu begleiten, und es dann in diesem kleinen Buch für uns aufscheinen lassen wie das Licht eines Regenbogens. Und so will ich dieses Büchlein weiterempfehlen, damit möglichst viele Menschen die Worte und Gedanken von Alice kennen- und lieben lernen.

Wir müssen Hoffnung schöpfen, habe ich Dir in einem der ersten Briefe geschrieben, und jetzt füge ich hinzu: Wir müssen Freude weitergeben, sie innerlich empfinden und sie nach außen tragen wie Alice, ihrem Beispiel folgen.

Freude zu empfinden heißt nicht, die Häßlichkeiten und Probleme der Welt nicht zu sehen, es heißt nicht, einen rosa Schleier über die Wirklichkeit zu breiten, um ein illusorisches Glück zu erzeugen; im Gegenteil, in Freude zu leben heißt, mit äußerster Bewußtheit zu leben und in einer dunklen Welt Zeugnis von einer anderen Seinsweise abzulegen. Freude drückt sich nicht in Worten aus, sondern in Blicken, Freude überredet nicht, sie wirkt ansteckend. Freude ist aufrührerisch, denn aufrührerisch ist die schrankenlose Liebe, die sich darin mitteilt.

Ich glaube, daß auf dem Weg des Glaubens ein Zeugnis der Freude viel mehr Kraft hat als tausend Überlegungen. Wer weit von Gott entfernt ist, stellt sich das Leben eines gläubigen Menschen oft als Abfolge beinahe gefängnisartiger Pflichten vor, als engen, finsteren, von den dunklen Wolken des Urteils verdüsterten Horizont. Dabei ist es genau das Gegenteil! Ein Gott hingegebenes Leben ist ein Leben voll Offenheit und Verständnis: Es gibt keine Einteilungen, Trennungen, Urteile und Verurteilungen mehr; man spart nicht mehr, man geizt nicht mit sich, die Tage vergehen ohne Aufrechnungen nach dem Motto »so ist es gut«, »so ist es schlecht«.

In der Hingabe hört man auf, sich selbst zu richten. Und wenn man aufhört zu richten, wenn man, anstatt nachzubohren und zu analysieren, sich selbst und das berührende Geheimnis des Lebens annimmt, dann flammt in uns mit unbezwingbarer Leichtigkeit die Freude auf. Alice wußte das genau, deshalb hat sie mit sechs Jahren geschrieben: *Wenn du die Sonne betrachtest, wird sie hoch oben leuchten, wird leuchten, wenn du bemerkst, daß es in der Welt noch eine Welt gibt, die liebenswert ist.*

22. Januar

Cara Mathilda,

gerade heute dachte ich daran, daß Du, wenn Du jetzt nach Italien zurückkämst, im üblichen Sprachgebrauch ein Wort finden würdest, das Du nicht kennst und das dich, nach anfänglichem Staunen, wahrscheinlich irritieren würde. Würdest Du dann noch erfahren, daß mir der Ursprung dieses Wortes zugeschrieben wird, würde sich Deine Irritation sofort in Wut verwandeln.

Das fragliche Wort heißt *buonismo,* Gutmenschentum. Was das ist? Ehrlich gesagt, ich weiß es nicht, keine Ahnung. Wie alle Schlagwörter gehört es zu einer Denkkategorie, die meinem Wesen völlig fremd ist. Aber ich weiß, warum mir seine Entstehung angelastet wird: Weil ich ein Buch geschrieben habe, das *Geh, wohin dein Herz dich trägt* heißt.

Es muß so vor sich gegangen sein: Eines fernen Tages hat eine einfältige Seele folgende Gleichungen aufgestellt: Herz = Kitsch; Kitsch = Gutherzigkeit; Gutherzigkeit = geringwertiges Gefühl, daraus folgt »Gutmenschentum«, das heißt »Vorheucheln guter Absichten mit dem Ziel, die leichtgläubigen Leute zu täuschen«. Und glücklich über die geniale Intuition, ist der Betreffende sofort hergegangen und hat es in alle vier Himmelsrichtungen hinausposaunt.

Seitdem geht das Schreckgespenst des »Gutmenschentums« in den Zeitungen um, in der Tagesschau, in Reportagen, in Bestsellerlisten. Du weißt, daß mir noch nie daran lag zu verurteilen, sondern daran zu begreifen, und so will ich auch diesmal, wie ein Detektiv in einem Krimi, versuchen zu verstehen, wie es zu dieser Scheußlichkeit kommen konnte. Schauen wir uns das Corpus delicti an. *Geh, wohin dein Herz dich trägt* ist die Geschichte vom Scheitern eines Lebens, ist die Geschichte einer verwirrten, egoistischen Frau, die es erst in ihren letzten Tagen, im Angesicht des Todes, verstanden hat, sich der Intuition der Liebe zu öffnen. Sie liest keine seichten Liebesromane, sondern Schopenhauer und Augustinus, das Herzensgebet der russischen Mönche und das Evangelium. Von Anfang an ist in ihr, zuerst verhüllt und dann immer spürbarer, eine Spannung, eine spirituelle Unruhe vorhanden, die in der Begegnung mit dem Jesuitenpater Thomas kulminiert. Olga ist eine scharfsinnige, grausame Frau, deren Grausamkeit oft an Zynismus grenzt, eine Frau, die dazu fähig ist, zu ihrer Enkelin über deren verstorbene Mutter zu sagen, sie sei »nicht intelligent« gewesen.

Würde eine liebevolle, dem »Gutmenschentum« verpflichtete Person so etwas sagen? Ich glaube kaum. Wo ist also die vielgeschmähte Omi mit Knoten, die Kekse bäckt und der fernen Enkelin alberne Briefe schreibt? Sosehr ich mich auch bemühe, ich sehe sie einfach nicht.

Geh, wohin dein Herz dich trägt ist die Geschichte einer inneren Entwicklung, eines Wegs, der mit Fehlern und Rückschlägen behaftet ist, es ist ein Buch über die Oberflächlichkeit konventioneller Gefühle und über die Schwierigkeit, mit der tieferen Wahrheit des eigenen Lebens in Berührung zu kommen, der Wahrheit des Geistes.

Es ist ein Buch, in dem steht: »Das Herz ist wie die Erde, halb im Sonnenlicht und halb im Schatten.« Nie habe ich das Herz als den Sitz kitschiger Empfindungen beschrieben, sondern als Ort der menschlichen Komplexität und Ambivalenz, an dem das Böse oft über das Gute siegt. Das Böse ist Teil unseres innersten Wesens; das Böse ist leicht, banal, spontan, es erfordert weder Anstrengung noch Auflehnung. Das Böse ist eine Abkürzung, das Gute dagegen ist ein Weg. Ein einsamer, harter, schwieriger, oft unpopulärer Weg voller Stolpersteine.

Es gibt keine guten Menschen, es gibt nur bewußte Menschen, die es auf sich nehmen, diesen Weg einzuschlagen; Menschen, die die Oberflächlichkeit des Konformismus ebenso ablehnen wie die Fallstricke des Vorurteils, das so häufig in dem vermeintlich freien Geist der sogenannten »Antikonformisten« wuchert.

Das Gute ist etwas sehr Ernstes, weil das Böse etwas sehr Ernstzunehmendes ist. Wenn man das nicht begreift, bleibt man an der Oberfläche, lebt seicht dahin. Man kann nicht wegen einer journalistischen Mode, aus Höflichkeit oder einfach aus Faulheit gut sein. Der Weg zum Guten ist lang und beschwerlich und verlangt große Ausdauer. Und Kraft. Denn um gut zu sein, braucht man, wie für die Liebe, Kraft, die unermeßlich große Kraft des Geistes.

5. Februar

Cara Mathilda,

wegen einer leichten Unpäßlichkeit bin ich in den letzten Tagen zu Hause geblieben und habe die Zeit genutzt, um Ordnung in meine Briefe zu bringen. Das zumindest war die Absicht, doch als ich dann nach und nach die Umschläge öffnete auf der Suche nach irgendeinem Kriterium für die Einteilung, verlor ich mein anfängliches Vorhaben völlig aus den Augen.

Einige meiner brieflichen Beziehungen bestehen schon seit über zehn Jahren, sie beinhalten einen großen Teil meines Lebens und des Lebens meiner Freunde, und so sind mir Seite für Seite viele Erinnerungen gekommen.

Neben der privaten Korrespondenz erhalte ich auch sehr viele Briefe von Menschen, die ich gar nicht kenne. Manche wollen mir ihre Dankbarkeit und ihre innere Verwandtschaft zu meiner Arbeit und meiner Sichtweise mitteilen, andere erzählen ihr Leben, weil sie es einfach genießen, ihre Erfahrung zu teilen, oder weil sie einen Rat erbitten.

Meistens handelt es sich um sehr schöne Briefe voller Diskretion und Bewußtheit, Schlichtheit und auch voll Sehnsucht, auf einer tieferen Ebene zu kommunizieren. Diese Briefe machen mich sehr glücklich, weil sie zeigen, daß es in unserem Land erwachsene, reife Menschen gibt, die den Mut haben, sich Fragen zu stellen und die Dinge neu zu überdenken.

Daneben gibt es jedoch auch Briefe, die eine ganz andere Stimmung in mir auslösen: und zwar von Personen, die Schriftsteller werden wollen – oder sich als solche fühlen – und die Ratschläge verlangen, um rascher auf dieser Karriereleiter voranzukommen.

Angesichts dieser Briefe empfinde ich ein Gefühl der Verwirrung. Was bedeutet Schreiben? Was bedeutet es,

Schriftsteller zu sein? Ich habe den Eindruck, daß in den letzten Jahren diesbezüglich ein großes Durcheinander entstanden ist und dieses Durcheinander auch häufig ausgenutzt wurde. Erfolgsschriftsteller werden von den Massenmedien mittlerweile behandelt wie Filmstars und Fußballer. So passiert es, daß Menschen, die weder Fußball spielen noch schauspielern können, erleichtert aufatmen und sich sagen, nun gut, eine Möglichkeit bleibt mir jedenfalls. Schreiben kann ich. Was braucht man denn schon zum Schreiben? Ein Blatt ist rasch mit Wörtern gefüllt und dann noch eins und noch eins. Im Grunde genommen haben wir alle einen Traum, eine Hoffnung, eine schöne Erinnerung zu erzählen.

Früher jedoch fanden die Träume, die Hoffnungen, die schönen Erinnerungen alle ihren Platz in Briefwechseln und privaten Tagebüchern. Jetzt dagegen werden sie, kaum hingeschrieben, zu Material, das nach Veröffentlichung strebt. Alles muß etwas einbringen, und zwar sofort, in finanzieller und narzißtischer Hinsicht. Viele wollen einem Verleger vorgestellt werden oder fragen nach der Adresse einer besonders effizienten Schule für *creative writing* oder eines Agenten, der bereit ist, sich für sie einzusetzen.

Ich glaube, daß all dies der Natur des Schreibens stark zuwiderläuft und es auch irgendwie herabsetzt, weil dadurch ein perverser Prozeß in Gang kommt, wonach du es entweder schaffst, zu veröffentlichen und groß herauszukommen, oder dich als gescheitert und unverstanden betrachtest. So aufgefaßt, gleicht das Schreiben einem Sprungbrett, um ins gesellschaftliche Blickfeld zu geraten, und erfüllt damit nicht mehr seinen eigentlichen Zweck. Ich dagegen bin überzeugt, daß Schreiben nicht dazu dient, gesehen zu werden, sondern zu sehen.

Schreiben ist eines der einfachsten und tiefgehendsten Mittel, um sich innerlich Klarheit zu verschaffen und um die Erinnerung an unsere Existenz weiterzugeben. Und gerade um dieses Erinnerungs- und Erkenntniswertes willen ist es wichtig, zum Schreiben zu ermutigen und es zu schützen.

Was bleibt von stundenlangen Telefongesprächen? Abgesehen von der Telefonrechnung, mehr oder weniger nichts. Wie anders ist dagegen das Vergnügen, einen Brief mit einer Überlegung, einer Erinnerung eines lieben Menschen in der Hand zu halten. Und wie wichtig werden diese Zeugnisse erst, wenn die uns lieben Menschen nicht mehr da sind.

Deshalb ermutige ich alle zu schreiben, vor allem Tagebuch zu schreiben, weil ein Tagebuch nicht nur als solches nützlich und schön, sondern auch ein unverzichtbares Experimentierfeld ist, um sich jeder anderen, umfassenderen Form des Schreibens anzunähern.

12. Februar

Cara Mathilda,

letzte Woche hatte ich am Schluß meines Briefes angedeutet, wie wichtig es ist, ein Tagebuch zu führen. Beim Lesen meiner Worte sind Dir sicher die vielen verschiedenen mehr oder weniger zerknitterten Hefte in den Sinn gekommen, die die Jahre unserer römischen Freundschaft begleiteten. Wir verließen zusammen das Haus, etwa um einen kurzen, ein- bis zweitägigen Ausflug zu machen, und irgendwann durchsuchte ich meine Taschen und rief: »O nein, ich habe mein Tagebuch vergessen!«, im gleichen besorgten Tonfall, in dem ich gesagt hätte: »Ich habe meinen Personalausweis oder meinen Führerschein vergessen.«

Und im Grunde genommen ist dem ja auch so, das Tagebuch ist nichts anderes als ein langer, detaillierter Personalausweis. Seit 1978 führe ich regelmäßig Tagebuch und habe in diesen zwanzig Jahren wohl über hundert Hefte angesammelt. Diese mit großer, beinahe unleserlicher Schrift gefüllten Seiten umfassen meinen ganzen Weg als Mensch und Künstlerin. Ich habe nicht den geringsten Zweifel, daß es meine Bücher ohne diese vielen zerknickten, mit Marmeladeflecken und Brandmalen von Zigarettenasche übersäten Hefte nie gegeben hätte.

Ich habe mit dem Tagebuch begonnen, um damit einen allgemeineren Diskurs über das Schreiben einzuleiten: Der literarische Wettbewerb von *Famiglia Cristiana* ist schon ausgeschrieben worden, und viele Leser plagen wahrscheinlich schon Angst und häufig auch Verzweiflung angesichts der leeren Seite. So habe ich gedacht: Warum soll ich ihnen nicht ein bißchen unter die Arme greifen? Es gibt zwar keine Zauberformeln, Patentrezepte oder fertige Lösungen, aber es gibt einige Empfehlungen, die dabei helfen können, den rechten Weg einzuschlagen.

Vorher habe ich gesagt, das Tagebuch gleiche einem Personalausweis. Warum ist der »Personalausweis« für das Schreiben wichtig? Will man etwas erzählen, braucht man einen Blickwinkel und den Blick eines bestimmten Menschen. Um zu wissen, wohin man im Lauf der Erzählung geht, muß man wissen, woher man kommt, man muß seine Wurzeln kennen, die gesellschaftlichen sowie die persönlichen, aus ihnen erwächst die zu erzählende Welt.

Es ist ein leichtes, sich von exotischen Welten faszinieren zu lassen, von anderen, fernen Universen, von geheimnisvollen, vielschichtigen Situationen, aber diese Faszination verwandelt sich fast immer in eine Falle.

Das, was erzählt werden soll, ist uns meistens sehr nahe, und verlangt beim Erzählen große Schlichtheit. Die Erinnerung an eine Bergtour, die Geschichte eines Verwandten, die Qual einer schlaflosen Nacht können viel reichere Quellen der Erzählung darstellen als jedes noch so verblüffende Abenteuer.

Pindarische Höhenflüge, endlose Reihen von Adjektiven fördern Genauigkeit und Wirksamkeit der Erzählung nicht. Und Genauigkeit und Wirksamkeit sind wie Zwillinge, sie treten immer gemeinsam auf. Wo die eine ist, ist auch die andere.

Um ein praktisches Beispiel zu geben, stellen wir uns vor, wir sollten einen in ungewisser, schwermütiger Stimmung am winterlichen Strand gemachten Spaziergang beschreiben. Gibt man der Versuchung der Teufelchen der Adjektive nach, könnte das Ergebnis so ausfallen: *»Das tosende Meer schlug schrecklich donnernde hohe Wellen, ich wanderte am Strand, und über mir flog eine Möwe mit schneeweißen unschuldigen Flügeln durch die Luft, und mein Herz pochte in geheimnisvollem Takt.«*

Richtet man die Aufmerksamkeit dagegen auf Einfachheit und Genauigkeit, könnte man zu folgender Beschreibung gelangen: *»Meer und Himmel waren dunkel. Meine Stimmung bang. Die Muscheln knirschten unter den Schuhsohlen, ich hauchte auf meine Hände, und die Hände blieben eisig.«* Im zweiten Fall ist die Wirkung stärker, man kann die Traurigkeit und das Gefühl von Zerbrechlichkeit und die durchdringende Kälte beinahe spüren.

Das erste Beispiel ist von außen gesehen, so, wie man sich eben vorstellt, daß ein trauriger Tag am Meer geschildert werden muß (die hohen Wellen, die Möwe, das Herz, das von etwas Unbekanntem angerührt wird). Das zweite dagegen ist von innen heraus erzählt. Was empfindet ein Mensch, der im Winter am Strand entlangwandert? Wahrscheinlich Kälte (die Hände), Einsamkeit (das Knirschen der Muscheln unter den Füßen), Melancholie (das dunkle Meer). Darüber werden wir nächstes Mal noch sprechen.

19. Februar

Cara Mathilda,

letzte Woche habe ich am Ende meines Briefes über die Adjektive gesprochen und darüber, wie gefährlich sie sind mit ihrem übermächtigen Wunsch, sich auf der Seite breitzumachen. »Teufelchen« habe ich sie genannt, erinnerst Du Dich? Und teuflisch sind sie wahrhaftig, weil sie uns an unserer empfindlichsten Stelle treffen, an unseren Stolz und unsere Eitelkeit appellieren: »Schau, wie schön ich bin«, flüstern sie uns ins Ohr, »schau, wie schwierig und ausgefallen ich bin; alle werden staunen, wenn sie mich lesen, und deine Raffinesse und Originalität bewundern!«

Es ist wirklich nicht leicht, dem Gesang dieser Sirene zu widerstehen, auch weil die Adjektive uns oft beim Denken ganz unwillkürlich aus der Feder fließen. Sie sind einfach, schön, oft auch originell. Warum soll man auf sie verzichten?

In Wirklichkeit darf man jedoch beim Schreiben nie der Schönheit nachlaufen, weil die Schönheit, die erlesene, hochtrabende Wörter bieten, rein äußerlich und oberflächlich ist, wie ein prächtiges, glitzerndes Gewand, unter dem sich meistens nichts verbirgt.

Die Schönheit, nach der man beim Schreiben streben muß, ist innerlich, es ist die Schönheit der Suche, die Schönheit der Wahrheit, die Schönheit der Freude, die Tiefe des Schmerzes. Schreiben ist ein Weg, um sich selbst kennenzulernen und Erkenntnis weiterzugeben. Man schreibt nicht oder sollte nicht schreiben, um die Zustimmung und das Lob der anderen zu erringen, sondern um etwas zu zeigen, was die anderen nicht sehen.

Die Szenen der Erzählung müssen vor allem »sichtbar« werden: Die gefühlsmäßige Kommunikation findet über den Blick statt und nicht über rationale Gedankengebäude.

Will man, zum Beispiel, vom Nachmittag bei einem alten Menschen zu Hause erzählen, darf man nicht an die arme alte Frau denken, die nie Besuch bekommt, an die Bosheit oder Gleichgültigkeit der Menschen, die sie umgeben, das heißt, man darf nicht seine banalen, unmittelbaren Gedanken äußern, sondern muß die Szene durchleben. Und was bedeutet das, sie zu durchleben? Es bedeutet, die Hauptfigur vor sich erstehen zu lassen und sich für jenen Nachmittag in jener Wohnung ganz in sie hineinzuversetzen.

Versuchen wir einmal, uns die Situation zu vergegenwärtigen: Es ist drei Uhr nachmittags, ich habe schon abgespült, ich sitze im gewohnten Sessel, es ist April, die Sonne scheint ins Zimmer, durch das geöffnete Fenster dringen das Geschrei der fußballspielenden Kinder und zugleich der starke Duft der Lindenblüten. Woran erinnert mich der Duft der Lindenblüten? Vielleicht stand an dem Haus, in dem ich vor vielen Jahren zur Welt gekommen bin, auch eine Linde; oder ich habe bei einem Platzregen meinen Mann unter einer Linde kennengelernt usw. Kurz, die Linde ist das, was ich eine »Gelegenheit« nenne.

Was ist eine Gelegenheit? Ein Punkt, von dem eine Geschichte ausgehen oder an dem sie, falls sie schon begonnen hat, eine bestimmte Wendung nehmen kann. Es ist eine Möglichkeit, die sich uns im Verlauf der Erzählung selbst bietet. Wir können sie ergreifen oder links liegenlassen. Vielleicht erinnert uns der Lindenblütenduft einfach an gar nichts, also sitzen wir weiter dort im Sessel und sehen plötzlich, daß die Geranien auf dem Fensterbrett einige welke Blätter haben. Die gelben Blätter machen uns traurig, deshalb stehen wir auf, um sie abzuzupfen. Und während wir am Fensterbrett hantieren, fällt uns vielleicht etwas hinunter, zum Beispiel die Brille, oder ein Taschentuch, oder etwas, das neben den Blumentöpfen lag. Wir müssen in den Hof hinunter, um es wieder zu holen! Wir nehmen den Aufzug, weichen den ballspielenden Kindern aus, bücken uns, um den Gegenstand aufzuheben, und als wir uns gerade wieder aufrichten wollen, begegnet unser Blick dem eines kleinen Mädchens. Es ist allein und sieht traurig aus. Halt! Gelegenheit! Warum betrifft uns das? Vielleicht ähnelt die Kleine unserer Enkelin, wir sehen sie fast nie und ihre Eltern streiten immer usw.

Schreiben ist ungefähr so, als ließe man sich auf einem Fluß treiben; zusammen mit uns schwimmen noch viele andere Dinge auf dem Wasser, manche nehmen wir, andere meiden wir; das Wichtigste ist, nicht zu erstarren, nicht zu urteilen, nicht vorher zu entscheiden, sondern entspannt und unbeschwert zu sein wie ein Kind beim Spielen.

26. Februar

Cara Mathilda,

letzte Woche habe ich von der Notwendigkeit gesprochen, sich vom Erzählstrom treiben zu lassen, aber diese Aufforderung darf nicht mißverstanden werden: »sich treiben lassen« bedeutet nicht, alles zu beschreiben, was einem in den Sinn kommt, und auch nicht, unkritisch von sich selbst zu erzählen. Es bedeutet vielmehr, daß man nicht im voraus entscheiden kann, welchen Verlauf die Geschichte nehmen und, vor allem, wie sie zu Ende gehen wird. Das bedeutete eine gefährliche »Starre«. Beim Schreiben findet ein geheimnisvoller alchimistischer Prozeß statt, an dem Gedächtnis, Gefühl und Verstand beteiligt sind: Ihn lenken zu wollen, indem man die geheimnisvolle Seite außer acht läßt, bedeutet, sich von vornherein ärmer zu machen.

Man muß sich überraschen lassen können und sich vergegenwärtigen, daß Unbehagen und Schwierigkeiten beim Weiterkommen untrügliche Anzeichen dafür sind, daß uns ein Fehler unterlaufen ist. In diesem Fall darf man sich nicht zwingen fortzufahren, sondern muß umkehren, den »Fluß« der Erzählung zurückverfolgen bis zu der Stelle, wo die Geschichte hakt, und von dort wieder beginnen und einen neuen Weg einschlagen.

Wer je ein Handwerk ausgeübt hat, weiß, daß man sich sehr plagen – und viele Versuche fortwerfen – muß, bevor man ein Ergebnis erzielt, das diesen Namen verdient. Das gleiche »handwerkliche« Prinzip gilt auch für das Schreiben. Wegwerfen, zerreißen, ausstreichen sind schmerzliche, aber überaus notwendige Vorgänge: Man muß die eigene Faulheit, den eigenen Stolz, die eigene Eitelkeit überwinden.

Sich zufriedenzugeben, zu versuchen, Mängel und Unausgewogenheiten zu verdecken, bringt nie etwas, weder beim Schreiben noch im Leben. Man muß sich selbst das Maximum abverlangen: An einer Seite, einer Geschichte muß man feilen wie an einem Diamanten, geduldig und präzise; nur so wird am Ende durch den Feinschliff das Licht leuchten. Und natürlich darf man es bei dieser Arbeit niemals eilig haben, denn der erste Eindruck, sobald man mit Schreiben fertig ist, ist ganz anders als der, den man nach einer Woche oder einem Monat gewinnt. Wie viele von uns haben schon einmal in einer schlaflosen Nacht ein Gedicht oder einen Brief geschrieben, die uns in dem Augenblick großartig vorkamen, und dann beim Wiederlesen am nächsten Morgen glühende Enttäuschung empfunden?

An diesem Punkt müssen diskret die Freunde, Verwandten, Nachbarn, Wander- und Sportgefährten in Aktion treten. Wozu diese ganzen Leute gut sind? Ganz einfach: dazu, das zu sehen, was wir nicht sehen.

Wenn ich ein Buch beendet habe, gebe ich es immer sehr vielen Menschen zu lesen; so hielt ich es schon mit zwanzig, als ich unbekannt war, und bin bis heute dabei geblieben. Haben sie es ausgelesen, unterziehe ich die Freunde einem regelrechten Verhör dritten Grades. Was hat dich gestört? Wo hast du dich gelangweilt? Welche Figur hat dich am meisten beeindruckt? Dabei fordere ich ihnen größte Ehrlichkeit ab, denn nur so hat diese Arbeit einen Sinn. Habe ich dann alle Daten gesammelt, setze ich mich erneut an den Computer: Ich streiche, kürze, schmücke aus, präzisiere, die Ratschläge im Hinterkopf.

So mache ich weiter – Ratschläge einholen, Lesen, Umschreiben –, bis ich »fühle«, daß das Buch wirklich fertig ist. Unter all meinen Lesern vor der »Veröffentlichung« ist kein einziger, der der Verlagswelt angehört: Es sind Nachbarn, Gefährten aus dem Sportcenter, Freunde und Freunde von Freunden; sie leben und arbeiten in Welten, die ganz anders sind als die literarische, sie haben nicht die geringste Vorstellung davon, wie Literatur aussehen sollte oder auch nicht: Sie lesen einzig und allein zum Vergnügen.

Um schreiben zu lernen, habe ich keinen Kurs für kreatives Schreiben belegt, die gab es damals noch nicht, doch auch wenn es sie gegeben hätte, bezweifle ich, daß ich einen besucht hätte. Ich habe einfach die Klassiker gelesen und viele Inhaltsangaben gemacht. Dann habe ich geschrieben, geschrieben und noch mal geschrieben; das meiste davon habe ich weggeworfen.

Bevor man schreiben lernt, muß man nämlich lernen, Inhalte zusammenzufassen: Man kann eine eben ausgelesene Novelle zusammenfassen, einen Film, den man gesehen hat, oder auch einen Tag am Meer. Man kann es schriftlich oder mündlich tun, vielleicht ein Spiel mit Freunden daraus machen. Warum? Weil solche Zusammenfassungen ohne Ausschmückungen, Beschreibungen, Verlangsamungen auskommen und uns lehren, in aller Kürze zum Wesentlichen der Geschichte vorzudringen. Und nun: Viel Glück beim Schreiben!

5. März

Cara Mathilda,

ich habe Deinen Brief erhalten, in dem Du mir den Tod Deiner Großmutter mitteilst. Ich weiß, wie sehr Du an ihr gehangen hast, und stelle mir vor, wie schmerzlich diese Tage für Dich und Deine Familie sein müssen. Es ist ein großes Glück, daß Ihr sie nicht ins Krankenhaus bringen mußtet und sie zu Hause in ihrem Bett, inmitten ihrer Lieben, von Euch gehen konnte. Das wird ja heute immer seltener.

Das Krankenhaus ist zu einer Art Bahnhof geworden, dort kommt man an, bei der Geburt; dort geht man weg, mit dem Tod. Und häufig wird das Sterben über die naturgegebenen Grenzen hinaus verlängert. Das ist das Gesetz des Krankenhauses: Alles irgend Mögliche wird unternommen, auch dann, wenn die Behandlung für den, der sie über sich ergehen lassen muß, zu einer regelrechten Tortur zu werden droht.

Ich erinnere mich noch an die Augen einer mir teuren Person, die mit über neunzig, vor der soundsovielten Operation, die Ärzte anflehte: »Laßt mich sterben.« Sie war erschöpft, schwer krank und forderte ihr Recht, eines natürlichen Todes zu sterben.

Es gibt einen Punkt, an dem etwas Richtiges und Gutes – wie der sakrosankte Versuch, ein Leben zu retten – plötzlich in grausame Verbissenheit umschlägt. Die allmächtige Wissenschaft hat meist wenig Achtung vor dem Menschen, der sich hinter der »Pathologie« des Alters verbirgt.

Ich habe von der Wissenschaft gesprochen, aber eigentlich betrifft das die ganze »zivile« Gesellschaft. Wenn man hier lebt, in unserer Welt, die immer hektischer wird und sich immer weiter von den Wurzeln der Wahrheit entfernt, könnte man bisweilen meinen, es gebe kein Alter mehr. Es kommt nicht in den Zeitungen und den Hochglanzillustrierten vor, es existiert weder in der Werbung (alte Menschen konsumieren nur wenige Produkte und wegen der verschwindend niedrigen Renten oft nicht einmal diese) noch in der Vorstellung derjenigen, die jetzt jung sind.

Niemand fragt sich: Wie werde ich sein, wenn ich alt bin? Wie werde ich leben? Wie werden mich die Menschen um mich herum erleben? Niemand fragt sich: Werden sie mir mit Liebe und Achtung begegnen oder mich ausrangieren wie einen alten Schuh? Man lebt in dieser hektischen Jugend, die man immer mehr in die Länge zieht, wie ein Gummiband; und hat das Gummiband seine maximale Dehnung erreicht, greift man, anstatt den natürlichen Verschleiß zu akzeptieren, zu anderen Techniken: Man läßt sich operieren, liften.

Um der Verpflichtung zur ewigen Jugend nachzukommen, schluckt man Powerdrinks und macht mehr Fitnesstraining: Die Gesäßbacken müssen straff bleiben und ebenso die Wangen. Solange alles straff ist, ist man in Sicherheit.

Das Alter ist physiologisch dem Tod nah, und deshalb werden Gräben darum gezogen, deshalb wendet man, trifft man zufällig einen alten Menschen, unwillkürlich den Blick ab.

Was geschieht mit den Alten? Das ist uns egal. Wie leben sie? Das ist uns egal. Sie konsumieren nicht, sie produzieren nicht, sie sind häufig krank, sie sind körperlich nicht verführerisch, als Wähler haben sie eine recht begrenzte Zukunft vor sich. Sie sind eine Belastung, eine Plage, Ballast für die Gesellschaft.

Manchmal, wenn ich an unsere Gesellschaft denke, erscheint sie mir wie ein großes Boot, dessen Ankerketten gerissen sind. Eine Gesellschaft, die das Geheimnis des Todes verdrängt, treibt gefährlich schwankend in der Leere. Wenn es den Tod nicht gibt, gibt es nichts, die Dinge stehen in keinem Werteverhältnis zueinander, die Handlungen entbehren der Grundlage, es gibt keine Erinnerung, es gibt weder Vergangenheit noch Zukunft.

Die Gesellschaft, die uns vorgegaukelt wird, präsentiert sich wie ein Foto, auf dem alle lächeln. Worüber lächeln sie? Warum lächeln sie? Man weiß es nicht, niemand sagt es einem. Man muß sehr genau und aufmerksam hinsehen, um zu erkennen, daß es sich nicht um ein Lächeln handelt, sondern um ein Grinsen, um die verängstigte Grimasse dessen, der irgendwo steht und nicht weiß, warum.

12. März

Cara Mathilda,

vor ein paar Tagen habe ich lange mit meinem Bruder telefoniert. Bis heute hat er nie einen Fernseher besessen, und sowohl er als auch seine Frau sind, vor allem seit sie ein Kind haben, weiter dagegen, sich einen anzuschaffen. Rund um sie her erhebt sich ein Chor der Entrüstung. »Ihr könnt«, sagen Freunde und Verwandte, »die Kleine doch nicht aufwachsen lassen, als lebte sie im 19. Jahrhundert. Die Welt geht weiter, und das Kind muß mit der Zeit Schritt halten.« Natürlich wollte er meine Meinung dazu hören. Ich habe lange überlegt, bevor ich ihm geantwortet habe.

Ich dachte an die Kinder meiner Freunde, die fast alle ohne Fernsehen oder mit sehr eingeschränktem Fernsehgebrauch aufgewachsen sind, ich dachte an ihre Neugier, an ihre Lebhaftigkeit und Weltoffenheit, und schließlich habe ich meinem Bruder geraten, die Anschaffung aufzuschieben oder höchstens ein Videogerät für Kassetten mit Zeichentrickfilmen zu kaufen.

Diese ablehnende Haltung, die übrigens von vielen Menschen geteilt wird, kann als eine Art mittelalterlicher Obskurantismus betrachtet werden. Die Modernität und alles, was sie mit sich bringt, gehört ja zu den Tabus unserer Zeit, und sich dagegen zu stellen führt immer zu wenig wohlwollender, sogar empörter Kritik. Ich dagegen sehe einen viel schwerwiegenderen Grund zur Empörung, nämlich den Skandal der Kindheit.

Und was ist der Skandal der Kindheit? Ich bin seit jeher überzeugt, daß große Verletzlichkeit und große Kraft die Hauptmerkmale der Kindheit sind und daß diese Verletzlichkeit Schutz braucht. Das Gefühl, die Kinder beschützen zu müssen, ist jedoch abhanden gekommen: Niemand schützt niemanden mehr, und unkontrolliert dem Schlimmsten überlassen, was die menschliche Kultur hervorgebracht hat, werden die Kinder zu armseligen Parodien schon armseliger Erwachsener. Es tut dem Kind nicht gut, alles zu sehen, alles zu wissen – wenn dieses »alles« größtenteils aus Gewalt, Vulgarität, Rücksichtslosigkeit besteht –, es wird dadurch weder stärker noch besser auf das Leben vorbereitet.

Die Kinder so zu schockieren bedeutet, ihnen eine licht- und freudlose Welt ohne Poesie vorzuführen. Es bedeutet, ihnen die Hoffnung zu nehmen, die Fähigkeit, sich einen anderen Weg auszumalen als den, der ihnen aufgezwungen wird. Es bedeutet, sie einer Welt auszuliefern, die schon entschieden hat, was aus ihnen werden soll: unselbständige Käufer, die in einem grauen Universum ohne jeden Horizont leben, wo ein einziges Gesetz wertgeschätzt wird, nämlich Spaß haben und seine persönlichen Rechte durchsetzen.

Das Fernsehen ist in unserem Land uneingeschränkt König. Von morgens bis abends tobt es sich in unseren Wohnungen aus mit Programmen, die zum allergrößten Teil immer häßlicher und immer dümmer werden, und macht sich auch auf den Titelseiten der Zeitungen breit, von denen es häufig viel wichtigere Nachrichten verdrängt.

Obwohl es inzwischen angesehene Studien darüber gibt, daß Fernsehen so betrachtet schadet – und zwar vor allem den Kindern schadet –, ist es weiterhin riskant zu vertreten, man sei gegen Fernsehen. Das Fernsehen, wird behauptet, ist neutral, es ist ein Angebot und muß als solches aufgefaßt werden; es stimmt nicht, wird betont, daß Fernsehen die Kinder abstumpft oder beunruhigt, im Gegenteil, es regt sie an, bereichert sie, sie entwickeln ein Bewußtsein für die Zeit, in der sie leben, und können besser damit umgehen. »Mein Sohn«, verkündet der Journalist vom Dienst stolz, »liebt Fernsehen. Er wechselt vom Ferseher zum Computer wie ich früher vom Fußball zum Fahrrad.«

So wird eine partielle Wahrheit – die Erfahrung des Sohnes eines Journalisten – zur allgemeinen Wahrheit: Fernsehen tut allen Kindern gut. Man vergißt, daß der größte Teil der Kinder völlig sich selbst überlassen vor dem Bildschirm sitzt, ohne irgendeine Erklärung, ohne Begleitung, ohne die geringste Alternative.

Bleibt das Fernsehen der einzige Lehrer, erzieht es zur

Passivität, erstickt den Forscherdrang, den Wissensdurst, die Neugier. Und ohne Neugier macht sich unweigerlich Langeweile breit. Wem wollte man das wünschen? Den kommenden Generationen?

19. März

Cara Mathilda,

seit fünf Monaten schreibe ich nun regelmäßig diese Kolumne für *Famiglia Cristiana*, und endlich habe ich keine Angst mehr vor dieser Verpflichtung. Die Wochen vergehen eine nach der anderen, und die Themen drängen sich wie die Patienten im Wartezimmer eines Arztes: Alle wollen zuerst an die Reihe kommen.

Vor ein paar Tagen zum Beispiel erhielt ich von einer alten Dame aus Torre Pellice einen freundlichen, ganz ruhigen Brief. In ihren Worten lag keine Klage, kein Vorwurf, sondern das schmerzliche Staunen eines Menschen, der in seiner Würde verletzt ist. Worüber sie schrieb? Über die mißliche Lage, in der kranke Menschen – und vor allem Pflegefälle – in italienischen Krankenhäusern leben. Es gibt keine *privacy*, keinen Respekt, keinen Schutz für den leidenden Körper.

Warum, fragt die Signora, wird zum Beispiel, damit sich die Patienten wohler fühlen, nicht ein Wandschirm zwischen den einzelnen Betten aufgestellt, es wäre doch eine Kleinigkeit. Ja, warum? Aus Nachlässigkeit, aus Gleichgültigkeit, weil man, hat man einmal die bevorzugte Kategorie der Gesunden verlassen, zum »Gegenstand« in den Händen derer wird, die die Macht innehaben. Deshalb wird nicht nach dem Grundsatz gehandelt, das Leiden zu lindern, sondern es wird noch verschärft.

Du bist krank? Pech gehabt. Dein Körper wird zu einer Sache, und so behandelt man ihn, er wird entblößt, zur Schau gestellt, durch die Gänge gefahren, ohne Rücksicht auf dein eigenes Schamgefühl und das der anderen. Natürlich will ich nicht verallgemeinern, denn ich weiß, daß es in den Krankenhäusern Leute gibt, Ärzte und Pflegepersonal, die voll Aufopferung ihre Arbeit tun.

Aber sie kämpfen dabei gegen alle und alles, gegen die schleppende Bürokratie, gegen organisatorische Widerstände, gegen den Mangel an Ausrüstung und Geldmitteln.

Mein Eindruck hier bei uns ist immer derselbe: Die Dinge gehen voran dank des außerordentlich guten Willens einiger Einzelpersonen; staatliche Aufsicht, staatlichen Schutz gibt es nicht, es gibt nicht die Vorstellung – oder nur in so verschleierter Form, daß sie unsichtbar wird –, daß der Bürger, auch wenn er etwas braucht, ein Mensch ist und als solcher behandelt werden muß.

Ein Freund, der Arzt ist, hat mir kürzlich erzählt, daß irgendwo im Norden, ich glaube, in Schweden, eine aufwendige Studie durchgeführt wurde, um zu untersuchen, ob Farben den Genesungsprozeß beschleunigen können. Nachdem sich herausgestellt hatte, daß dem so sei, wurden die Zimmer der Krankenhäuser in den Farben gestrichen, die dem Wohlbefinden und der Heilung der Kranken am förderlichsten zu sein schienen. Das hört sich an wie Science-fiction, es ist aber nur das Verhalten eines zivilisierten Staates.

Vor zwei Jahren mußte ich wegen eines Knochenbruchs in die Notaufnahme eines Krankenhauses. Nachdem ich geröntgt worden war und einen Gips bekommen hatte, sagte man mir: »Sie müssen morgen wiederkommen.« – »Warum?« habe ich gefragt. – »Um einen Termin für die Kontrolluntersuchung auszumachen.« – »Und kann ich den Termin nicht jetzt gleich ausmachen?« – »Nein. Sie müssen morgen wiederkommen.«

Die Schmerzen waren sehr stark, und so ist am nächsten Tag eine Freundin für mich hingegangen. Vier Stunden hat sie gewartet: vier Stunden Schlangestehen, um einen Zettel mit einem Datum darauf abzuholen! Wie kann man so etwas nennen, wenn nicht sadistische Dummheit?

Und wenn ich jetzt nicht jung und von netten Freunden umgeben, sondern alt und einsam gewesen wäre? Hätte ich mich samt Gips im Bus durchschütteln lassen und dann vier Stunden Schlange stehen müssen? Welches perverse Hirn kann diese Art von Organisation durchsetzen?

Ich erinnere mich noch an eine Szene, die ich während der Amtszeit des Ministeriums De Lorenzo in einer Apotheke erlebte. Vor mir in der Schlange stand ein freundlicher alter Mann. Als er an die Reihe kam, reichte er der Apothekerin ein Rezept, und als sie ihn nach den berüchtigten »Märkchen« fragte, murmelte er: »Ich habe keine mehr...«, und begann zu weinen.

Er weinte leise und würdevoll, von kleinen Zuckungen geschüttelt, das Weinen eines Mannes, der sein ganzes Leben gearbeitet hatte und sich nun gezwungen sah, um Märkchen zu betteln wie ein Junge, der die Prämienmarken auf den Packungen von Frühstücksflocken sammelt. Auch die Apothekerin bekam feuchte Augen. Angesichts seines untröstlichen Weinens ergriff sie die Hand des Mannes und flüsterte: »Nur Mut…«

Frühling

26. März

Cara Mathilda,

gestern besuchte mich eine meiner jüngsten Freundinnen, Sara. Sie ist sechzehn, und wenn ihre und meine Verpflichtungen es uns erlauben, trinken wir in meiner winzigen Küche zusammen Tee. Sie erzählte mir, daß sie sehr traurig sei, weil ihre Banknachbarin vor einigen Monaten die Schule verlassen hat. »Gab es einen Grund?« fragte ich, und da antwortete sie: »Nein, keinen, oder besser gesagt, ja; sie jobbt jetzt und hat mehr Geld für Kleider, für die Disko. In der Schule langweilte sie sich.«

Als Sara gegangen war, überkam mich große Traurigkeit. Nicht ihretwegen, denn sie ist ein ausgeglichenes, neugieriges Mädchen, sondern wegen ihrer Freundin, die für ein Paar Jeans oder Ohrringe die Schule für immer verlassen hat. Wie viele Jugendliche kommen so von ihrem Weg ab? Und vor allem, warum? Weil niemand in der Lage ist, sie zu motivieren und ihnen in ihrer Orientierungslosigkeit einen Halt zu bieten?

Es ist viel von Schulreform die Rede, und natürlich ist die Befürchtung immer die gleiche: daß der Putz abgeschlagen wird, die Mauern aber stehenbleiben. Wie der Pädagoge Aldo Agazzi neulich in der Zeitschrift *Avvenire* schrieb: »Die größte Herausforderung angesichts der Moden und Zeitströmungen ist nicht, einen Schüler den Umgang mit dem Computer zu lehren, sondern, ihn zu fördern, ihm zu helfen, alle seine Fähigkeiten zu entwickeln. Es gilt, innere Freiheit in ihm zur Entfaltung zu bringen.«

Vor ein paar Wochen las ich, daß die italienische Kultur, einigen Zeitungen zufolge, eine neue Renaissance erlebt. Zum Glück besitze ich einen großen Ofen, in den alle törichten oder beleidigenden Nachrichten wandern. Worin besteht diese berühmte Renaissance? In einer Opernpremiere? In den längeren Öffnungszeiten eines Museums? Ich hasse Triumphalismus und Demagogie, ich will keinen Sand in die Augen gestreut bekommen. Meines Erachtens zeigt sich die Kultur vor allem im Schulwesen, und in einem Land, in dem die Schule seit über zwanzig Jahren ihren Auftrag, die Individuen zu formen, vernachlässigt, kann von Renaissance nicht die Rede sein. Neues entsteht, wenn man etwas anderes sät, wenn man den Mut hat, mit dem, was veraltet und scheinheilig geworden ist, aufzuräumen, auch wenn das unpopulär ist.

Oft denke ich an Don Milani und daran, wie sehr er diese pseudoegalitäre Schule gehaßt hätte. Ich sage »pseudo«, denn wer auch nur ein bißchen kritischen Verstand hat, weiß, daß es sich bei dieser Gleichheit um reine Fassade handelt.

Alle erhalten am Ende der Schule ein Abschlußdiplom, individuelle Verdienste fallen dabei kaum ins Gewicht, und haben die Schüler ihr Diplom erst in der Tasche, kümmert sich niemand mehr um sie. Da kommen dann die sozialen Unterschiede, die man früher »Klassenunterschiede« nannte, zum Vorschein: Einzig und allein die sozial bessergestellten Jugendlichen kommen nämlich voran, da sie es sich leisten können, die Mängel unseres Bildungssystems privat, etwa durch den Besuch einer Universität im Ausland, auszugleichen, und sie sind es auch, die nach dem Studium die Kanzlei oder die Praxis des Vaters oder Onkels übernehmen und so automatisch in die Arbeitswelt hineinwachsen.

Die anderen, all jene, die keine Familie im Hintergrund haben, erwartet die Unsicherheit von Gelegenheitsjobs, der langsame Abstieg auf der gesellschaftlichen Leiter, auch diejenigen, die sich Verdienste erworben haben und tüchtig sind, ja vor allem sie: die Verdienstvollen, die Tüchtigen, die Ehrlichen.

In diesem Zusammenhang fallen mir meine Freundinnen Giulia und Chiara ein, erinnerst Du Dich an sie? Ich muß an ihre außerordentliche Begeisterungsfähigkeit denken, ihr brachliegendes Talent. Giulia ist Archäologin und Chiara Genetikerin. Beide haben ihr Studium unter großen Opfern brillant abgeschlossen, bekamen Auslandsstipendien und arbeiteten bei wichtigen Forschungsprojekten mit. Jetzt werden sie bald vierzig, und die eine lebt vom Treppenputzen in Mietshäusern, die andere schlägt sich durch, indem sie Hühner und Ziegen hält. Sie leben am Rand der Gesellschaft, in dem Bereich, den das Sozialforschungsinstitut als Armutsgrenze bezeichnen würde.

Nach fast zwanzig Jahren befristeter Anstellungen, frustrierender Versprechungen und gänzlich unbezahlter Vollzeitarbeit haben sie auf ihre Berufung verzichtet. Selber schuld? In zweierlei Hinsicht: Sie stammen aus mittellosen Familien, und sie wollten nie Kompromisse eingehen, die ihre Würde beleidigt hätten.

2. April

Cara Mathilda,

wahrscheinlich denkst Du, ich sei zur Zeit mit meinem Umzug beschäftigt, Du siehst mich zwischen Kisten und Kartons aussortieren, was mitkommt und was hierbleibt. Aber ich wohne immer noch im alten Haus und muß noch mindestens bis zum Spätherbst hierbleiben. Als der Architekt mir das mitgeteilt hat, fühlte ich mich zuerst sehr niedergeschlagen: Im Hinblick auf den bevorstehenden Umzug hatte ich das Haus bereits einem Zustand schier uneingeschränkter Anarchie überlassen und gar nicht in Betracht gezogen, im alten Gemüsegarten noch einmal Hand anzulegen.

Das Frühjahr ist schon fortgeschritten, die Bäume sind fast verblüht, und auf den Wiesen steht das junge Gras schon hoch. Es galt, keine Zeit zu verlieren, also bin ich hinausgestürzt, um die vergeudete Zeit aufzuholen, und habe so schnell wie in einem alten Komikerfilm gejätet und den Boden umgegraben.

Am frühen Nachmittag wurde ich durch den unerwarteten Besuch eines Freundes unterbrochen. Er war mit dem Auto unterwegs nach Florenz und wollte auf einen Sprung bei mir vorbeischauen. Ich habe Tee gekocht, und dann haben wir uns unter die blühende Akazie gesetzt. Ein Blütenregen ging auf unsere Tassen und Teller nieder, und Hummeln und Bienen summten laut über unseren Köpfen.

»Wie geht's mit der Kolumne in *Famiglia Cristiana*?« fragte mich mein Freund Franco nach einer Weile. »Gut, sehr gut sogar«, habe ich geantwortet und begonnen, ihm von den vielen Denkanstößen zu erzählen und von den wunderschönen Briefen, die ich von Menschen aller Altersstufen erhielt. Verlegen hörte er mir zu, und plötzlich wurde mir klar, daß er keinen einzigen meiner Artikel gelesen hatte. »Warst du denn nie neugierig darauf?« habe ich ihn gefragt. Und weißt Du, was er mir geantwortet hat? »Neugierig schon, aber ich schäme mich, diese Zeitschrift am Kiosk zu kaufen. Ich glaube, ich sehe nicht danach aus. Wenn ich hingehe und dieses katholische Blatt verlange, lacht mir der Zeitungshändler womöglich ins Gesicht oder verachtet mich.«

Wie ich auf diese Worte reagiert habe? Mit einem Seufzer der Langeweile und Ermüdung. Du kannst Dir nicht vorstellen, liebe Mathilda, wie oft ich mir in all diesen Monaten immer wieder solche Äußerungen anhören mußte: »Ich schäme mich«, »Damit würde ich mir nie die Hände schmutzig machen«, »Du hast dich an die Democrazia cristiana verkauft« und so weiter, eine Serie abgedroschener immer gleicher Sätze, deren gemeinsamer Nenner der Widerwillen gegenüber dieser Zeitschrift und meiner Entscheidung, für sie zu schreiben, war. Jetzt jedoch kommt das Allerschönste, denn kaum habe ich diese Leute gefragt, ob sie *Famiglia Cristiana* denn je gelesen hätten, haben sie allesamt laut und deutlich verneint und sogleich hinzugefügt: »Das hätte noch gefehlt!« Was hätte noch gefehlt?

In letzter Zeit habe ich oft über vorschnelle Urteile nachgedacht. Man braucht sich nur umzusehen: Urteilen ist zu einem Volkssport geworden, viel verbreiteter als Fußball- oder Bocciaspielen. Im Fernsehen wimmelt es nur so von »Richtern«, ebenso in den Zeitungen; jeder, der die Möglichkeit hat, sich öffentlich zu äußern, hält sich automatisch für berechtigt, den anderen seine Wahrheit aufzuzwingen und ohne Einspruchsmöglichkeit alles zu verdammen, was nicht in sein Raster paßt.

Ich persönlich hege seit jeher eine Abneigung gegen Richter und Urteile, die außerhalb der Gerichtssäle abgegeben werden. Urteilen bedeutet, sich den anderen gegenüber auf eine Stufe der Überlegenheit zu stellen, und selbsternannte Überlegenheit finde ich höchst verdächtig. Denn wer gibt uns das Recht zu sagen »Du ja, du nicht, das ja, das nicht«, das Recht, etwas in den Himmel zu heben oder zu verdammen?

Wir werfen uns zum Richter auf, überzeugt, auf diese Weise unsere überlegene Intelligenz, unser Verständnis zur Schau zu stellen, dabei geschieht doch, wenn wir urteilen, genau das Gegenteil: Das Urteil ist wie ein Käfig, ein enges Gefängnis, in dem neben der Freiheit, so oder so zu sein, Verständnis und Intelligenz verkümmern.

Hinter dem, was wir »Urteil« nennen, verbirgt sich oft nur Engstirnigkeit und Vorurteil. Und welche Realität baut man sich damit auf? Eine Realität voll Mauern und Abgründen, voll Stacheldraht und verschlossenen Türen, eine Realität voller Eiseskälte und lautstarker Einsamkeit. Erinnerst Du Dich an das indianische Sprichwort, das ich auf den letzten Seiten von *Geh, wohin dein Herz dich trägt* zitiert habe? Es lautete ungefähr so: »Jedesmal, wenn du über jemanden urteilen möchtest, geh zuerst drei Monate in seinen Mokassins.«

Wir haben noch einen weiten Weg vor uns, findest Du nicht? Gehen, gehen und nochmals gehen, nebeneinander, und dabei die Schuhe tauschen, einer in den Schuhen des anderen laufen. Und im Gehen an den Tag denken, an dem wir auf die Welt kamen, und an den, an dem wir sie verlassen werden. Nebeneinander gehen in unserer Verletzlichkeit und Blöße, ohne Roben, ohne erhobene Zeigefinger. Wir müssen uns auf den Weg machen, um eine Welt aufzubauen, die nicht auf Urteil und Vorurteil beruht, sondern auf Demut und Verständnis.

9. April

Cara Mathilda,

erinnerst Du Dich an die große Mimose, die an der Hausmauer wächst? Gewöhnlich beginnt sie schon Ende Januar, sich mit den ersten gelben Knospen zu schmücken, und Mitte Februar blüht sie so überreich, daß ich das Fenster schließen muß, weil sie so stark duftet. Erst nach mehreren Jahren ist mir klargeworden, daß die wahnsinnigen Kopfschmerzen, die mich immer im Frühling überfielen, mit der Mimose zusammenhingen.

Dieses Jahr allerdings stellte sich das Problem nicht. Ende Dezember war hier in den Hügeln außergewöhnlich viel Schnee gefallen, und die nachfolgende Eiseskälte hat die Zitronenbäume, die Oleander und die Mimosen, die dieses Klima nicht vertragen, bleibend geschädigt. Ich habe geschrieben: »das Problem stellte sich nicht«, hätte aber schreiben müssen: »das Problem hätte sich nicht stellen dürfen«. Als ich mich nämlich gerade damit abgefunden hatte, durchs Fenster das traurige Schauspiel der dürren Zweige zu betrachten, ist ein Wunder geschehen.

Ganz, ganz langsam, mit der Vorsicht dessen, der fürchtet, sich zu weit vorzuwagen, erschienen an den Spitzen der untersten Zweigen ein paar Blüten. Es werden die einzigen bleiben, habe ich mir gesagt, als ich sie bemerkte, aber ich irrte mich. Mit der Beharrlichkeit eines Genesenden gewann in den darauffolgenden Tagen der ganze Baum seine Blüten zurück.

Immer häufiger begegne ich unzufriedenen Menschen, und wenn ich mir ihre Klagen so anhöre, fällt mir auf, daß es zwei Arten von Unzufriedenheit gibt, eine äußerliche und eine innerliche. Die Menschen, die der ersten Kategorie angehören, machen ihr Gefühl von Unglück an den äußeren Umständen fest. Sie sind überzeugt, daß sich ihr Gemütszustand positiv verändern würde, wenn sie zum Beispiel eine größere Wohnung, eine befriedigendere Arbeit oder eine leidenschaftlichere Liebesbeziehung hätten. Die Menschen, die der zweiten Kategorie angehören, sind sich dagegen der Tatsache bewußt, daß ihr Unglück nicht von einem Mangel des Habens, sondern von einer Unzulänglichkeit des Seins herrührt.

Zwischen diesen beiden Kategorien gibt es eine feine Membran, die durch eine ganz eigene Osmose die Übergänge von einer zur anderen ermöglicht.

Ein Mensch, der das »Glück« des Habens angestrebt – und erreicht – hat, kann an einem bestimmten Punkt seines Lebens ein anderes Glück erahnen und den Weg des Seins einschlagen, während es umgekehrt nie geschieht, daß ein Mensch, der die Fülle des Seins erreicht hat, diese Fülle aufgibt, um sich auf den Weg des Habens zu machen.

Vor höchstens einer Woche besuchte mich ein Freund, der wenige Tage zuvor dreißig Jahre alt geworden und sehr verstört war. »Ich habe alles erreicht, was ich wollte, eine befriedigende Arbeit, ein schönes Haus, eine Frau, die ich liebe, jetzt habe ich auch das Auto gekauft, das ich mir schon immer gewünscht habe, ich habe alles, und doch fühle ich mich völlig leer, das einzige, was ich möchte, ist allem einen Tritt versetzen und aus meinem Leben verschwinden, obwohl ich es mir selbst mit so viel Mühe aufgebaut habe. Glaubst du, ich soll einen Psychologen um Hilfe bitten?«

Weißt Du, was ich geantwortet habe? Daß er den Psychologen vergessen und seine Bergschuhe aus dem Schrank holen soll. »Am ersten sonnigen Wochenende«, habe ich zu ihm gesagt, »nimmst du deinen Rucksack und gehst allein in die Berge. Mach eine lange Wanderung und schau dich beim Aufstieg um, betrachte die Knospen an den Bäumen und das junge Gras, das unter dem alten hervorspitzt. Lausche dem Gesang der Vögel, den Klangkaskaden, die aus den Baumkronen kommen, lausche dem sanften Wind und rieche den Duft, den die Schneeschmelze mit sich bringt. Tritt im Morgengrauen vor die Berghütte oder dein Zelt und beobachte, wie die Sterne dem Licht weichen und das neue Licht des Tages die Dinge rundum liebkost und sie wieder zum Leben erweckt.« »Und weiter?« hat mich der Freund gefragt. »Nichts weiter«, habe ich geantwortet. Er wirkte enttäuscht. »Ich weiß doch, was im Frühling passiert, ich brauche nicht hinzugehen, um es mir anzuschauen.« Und unzufrieden und finster wie bei seiner Ankunft hat er sich von mir verabschiedet.

Ich bin mit einem Gefühl bedrückender Trostlosigkeit zurückgeblieben, das mich jedesmal überkommt, wenn ich einem Menschen begegne, der sich weigert, sich zu öffnen und die Botschaften zu hören, die sein eigenes Leben ihm sendet. Es ist sehr schwierig, das Bild aufzugeben, das wir uns von uns selbst gemacht haben: Wir haben es über lange Zeit hinweg mit viel Mühe aufgebaut, wir hängen daran, dank dieses Bildes bleiben wir in einer Scheinrealität verankert. Es kommt uns nützlich und harmlos vor, warum sollten wir es also fortwerfen? Und doch müßten wir bei den ersten Anzeichen von Unbehagen genau das tun: Wir müßten beginnen, es auseinanderzunehmen, Stück für Stück, bis wir den Fehler finden.

Warum hatte ich meinem Freund geraten, sich in die Natur zu begeben? Weil die Natur in dieser Jahreszeit, wie meine Mimose beweist, eine einzigartige und großartige Sprache spricht: die der Wiedergeburt. Und die Wiedergeburt geht nicht nur die Grashalme an, die Blumenknospen, die Pflanzensäfte, die reichlicher in den Ästen fließen.

Die Wiedergeburt geht auch unsere Herzen an: Neu geboren zu werden, bereit zu sein, sich in einer anderen Ordnung neu zu orientieren, bedeutet, der Hoffnung Zeit und Raum zu geben.

16. April

Cara Mathilda,

heute morgen, bevor ich mich zum Schreiben hinsetzte, habe ich einen langen Spaziergang durch die Felder vorm Haus gemacht. Das ist ein »Ritual«, das ich jedesmal befolge, wenn ich mich einer Arbeit widmen muß, die große Konzentration verlangt. Ich brauche die Luft, den Wind, die Gerüche der Erde, ich muß mich körperlich bewegen und mich lebendig fühlen, bevor ich zu arbeiten beginne. Schon immer hatte ich einen starken Bewegungsdrang, wollte spüren, daß mein Körper lebendig ist und teilnimmt. Die in der Schule verbrachten Stunden – damals herrschte noch der Zwang zu absolutem Stillsitzen – waren für mich eine regelrechte Tortur. Wie kann man denken, daß nur der Verstand existieren und aktiv sein soll? Das Gehirn braucht Sauerstoff, und der Sauerstoff wird durch Bewegung zugeführt.

Und doch gilt in unserer Kultur eine Art seltsames Tabu, wonach die beiden Dinge sich gegenseitig ausschließen: Wer seine Muskeln braucht, braucht sein Gehirn nicht, und umgekehrt. Und damit gehen zwei Klischeevorstellungen einher: das vom Gelehrten (oder Dichter) mit gekrümmten Schultern, linkisch, ausgezehrt, in eine Rauchwolke gehüllt, mit intelligentem Blick; und das vom Sportler, groß, kerzengerade und voller Spannkraft, wortkarg und mit leerem Blick.

Findest Du nicht, daß da ein großes Mißverständnis vorliegt, ja geradezu die subtile, perverse Absicht, den Menschen die freudige Ganzheit des Seins vorzuenthalten? Es ist, als sagte man: Wenn du das bist, kannst du das andere nicht sein, wähle einen Teil, einen kleinen Teil, und halte ihn fest, um in Ruhe zu leben. Trennen, einteilen, beschränken: Können das die Maßgaben für eine Entwicklung sein, die Wachstum fördern soll? Wohl kaum.

Letzte Woche bin ich mit meinen Freunden aus dem Sportklub eine Pizza essen gegangen. Wir kennen uns nun alle schon seit vielen Jahren, haben unsere Leidenschaft für die Kunst des östlichen Kampfsports gemeinsam, und so geschieht es unweigerlich, daß wir uns früher oder später darüber unterhalten, was Körper und Geist verbindet und wie sträflich dies im allgemeinen vernachlässigt wird. »Es gibt nur noch die beiden Extreme«, hat meine Freundin Chiara während des Abendessens bemerkt. »Auf der einen Seite der völlig in Vergessenheit geratene Körper, auf der anderen der narzißtische Fitnesskult. Was richtet mehr Schaden an?« Die Meinungen waren ganz unterschiedlich. Ich hielt den Fitnesskult für das größere Übel. Man kann seines Körpers auch noch spät eingedenk werden, viel schwieriger ist es, vom reinen Konditionstraining wieder abzukommen.

Und was ist überhaupt mit Fitness gemeint? Sie ließe sich wohl als eine ganze Palette von Diäten, Ratschlägen und Gymnastikprogrammen definieren, die darauf abzielen, den Körper möglichst lange jung und begehrenswert zu halten, als eine aus Amerika gekommene Form der Körperkultur, die in wenigen Jahren die Seiten unserer Frauenzeitschriften und die Programme unserer Sportstudios erobert hat und außerdem einen neuen Markt mit riesigem Umsatz darstellt. So gesagt, klingt es ganz harmlos, ja sogar wohltuend.

Man muß eine Weile nachdenken und genau hinschauen, bis einem klar wird, daß dem nicht so ist. Was an den Fitnessanhängern zuallererst auffällt, ist ihre Besessenheit, die Besessenheit, mit der sie einem Programm oder einem Vorbild folgen: Alle Anstrengung, alle Energie muß darauf gerichtet sein, unseren armseligen, unglücklichen und reizlosen Körper in einen idealisierten »vollkommenen Körper« zu verwandeln, den es gar nicht gibt. Der Schenkel muß soundso geformt sein, der Po soundso, Bauch flach, Wangen straff: Wer mit diesem Programm keinen Erfolg hat, ist gescheitert.

Genau da liegt der Hase im Pfeffer, denn diese Vereinheitlichung der Körper, das Bestreben, alles gleichmachen zu wollen, löscht die Verschiedenheit aus, und damit begibt man sich auf gefährliches Terrain. Die Verschiedenheit nicht zu akzeptieren heißt nämlich, die Grundlage des zivilisierten Zusammenlebens der Menschheit nicht zu akzeptieren. Auch die Besessenheit, um jeden Preis verführerisch und jung zu bleiben, ist gefährlich: Anstatt das Vergehen der Jahre liebevoll mitzuverfolgen, tut man alles, um sich dagegen zu stemmen, um jedes geringste Zeichen der Zeit an sich auszulöschen.

Was bietet uns denn der Fitnesskult als Lebensmodell an? Den Kult der Schale: eine polierte, glänzende, parfümierte, biegsame und auf tragische Weise gänzlich leere Schale. Man lebt nicht für die Tiefe seines Selbst, sondern für ein Bild seiner selbst, für die narzißtische Anbetung der eigenen Perfektion. Das Wohlbehagen, das man erreicht, ist rein äußerlich und künstlich und wird häufig durch Opfer und manische Zwanghaftigkeit erkauft.

Ich habe »Wohlbehagen« geschrieben, hätte aber lieber Unbehagen schreiben sollen, denn es ist offensichtlich, daß eine solche Versklavung des Körpers Anzeichen dafür ist, daß man sich unwohl fühlt in seiner »Haut« und unfähig ist, sie in ihrer Verschiedenheit zu achten, anzunehmen und zu lieben, statt sie zu bekämpfen wie einen eingeschworenen Feind. Sich selbst zu pflegen ist ein entscheidender Schritt zum Verständnis und zur Verwirklichung unserer menschlichen Ganzheit: Wir leben dank unseres Körpers – und durch ihn –, deshalb müssen wir ihn hegen und pflegen wie ein uns anvertrautes, kostbares Gut. Der Körper ist ein wunderbares Werkzeug, und er ist weise. Unsere Arroganz hat uns das vergessen lassen, deshalb betrachten wir ihn nur als Karosserie oder als Schale und nicht als physischen Ort, an dem die Seele wohnt.

23. April

Cara Mathilda,

vor etwas mehr als einem Monat habe ich den neuen Obstgarten angelegt, und nun kann ich hoffentlich erleichtert aufatmen: Alle Stecklinge sind angegangen, und es ist kein Schnee mehr gefallen, in dem ihre Knospen hätten erfrieren können. Kürzlich habe ich auch meine kleine Pinie umgetopft. Habe ich Dir je von ihr erzählt? Seit zwei Jahren pflege ich sie nun schon, und inzwischen ist sie für mich so etwas wie die Rose in *Der kleine Prinz*. Morgens stelle ich sie in die laue Sonne, und in den heißesten Stunden rücke ich sie in den Schatten; wenn ein starker Wind aufkommt, laufe ich hinaus, um sie an einen geschützten Platz zu bringen, wenn ein Insekt über ihr schwebt, prüfe ich sofort, ob es ihr schaden kann.

Warum so viel Aufmerksamkeit für ein Bäumchen, das keine zwanzig Zentimeter groß ist? Aus einem ganz einfachen Grund: Ich habe es wachsen sehen. Als ich eines Nachmittags mit dem Hund auf dem Rasen spielte, habe ich mich gebückt, um einen Stock aufzuheben und zu werfen, und da habe ich es zwischen den Grashalmen bemerkt: Es war noch kein Baum, sondern nur ein Pinienkern, aus dem auf der Seite kleine grüne Triebe herauswuchsen. Ich habe ihn vorsichtig aufgehoben, und als ich ihn auf der Handfläche betrachtete, habe ich begriffen, daß ihm nicht bestimmt war, in einem Apfelkuchen zu enden, sondern, ein Baum zu werden. Auf dem Rasen, über den Autos und Mähmaschinen fahren, wäre sein Leben nur kurz gewesen, daher habe ich beschlossen, ihm zu helfen: Ich habe einen kleinen Blumentopf geholt, ihn mit Erde gefüllt und den Pinienkern mit dem grünen Trieb hineingebettet. Dann habe ich ihn ein paar Monate lang vergessen; als ich ihn wiedersah, war er kein Samen mehr, sondern ein kleiner Baum, und der Topf war ihm zu eng geworden wie einem zu rasch gewachsenen Kind.

An dem Tag hat unsere liebevolle Abhängigkeit voneinander begonnen. Im Herbst ziehen wir gemeinsam um, da werde ich ihn dann nah beim neuen Haus in die Erde einpflanzen, eines Tages wird er groß sein und ich alt, er wird mir im Alter Schatten spenden, wie ich ihm in seiner Jugend dazu verholfen habe, dann werde ich für immer gehen, und er wird weiter dort stehen, seine dunklen Nadeln werden im Wind rauschen, und nachts werden wir in der lautlosen Sprache der Seelen miteinander sprechen.

Welch außerordentliches Geschenk sind die Bäume, und wieviel könnten wir von ihnen lernen, verstünden wir es nur, sie zu beobachten, sie zu sehen und ihnen dieselbe Liebe und Aufmerksamkeit zu widmen, die man seinen Freunden widmet!

Vor einigen Wochen habe ich in einem Café eine neue Freundin kennengelernt. Wir waren uns schon öfter im Stadtviertel begegnet. Eines Morgens haben wir dann bei einem Cappuccino zu reden angefangen und sofort eine große innere Verwandtschaft entdeckt. Das Geheimnis, wie Begegnungen eigentlich zustande kommen, hat mich schon immer fasziniert. Plötzlich kreuzen sich die Blicke, und es entsteht auf geheimnisvollem Weg eine Verbindung sowie das Gefühl, daß es diese Verbindung schon immer gegeben hat und immer geben wird.

Auch bei uns beiden war es so, erinnerst Du Dich? An jenem heißen – und nun schon weit zurückliegenden – Sommerabend haben wir uns gesehen und gegenseitig »erkannt«. Kurz bevor wir uns verabschiedet haben, hast Du damals, mit einer scherzhaften Anspielung auf Deine Hautfarbe, zu mir gesagt: »Von nun an werde ich dein Schatten sein!« Und so ist es gewesen und wird es bleiben, solange unser Weg auf dieser Erde dauert. Die Freundschaft ist eine Erfahrung gegenseitigen Schenkens, wahre Freundschaft verfolgt nie eigennützige Ziele. Freundschaft beruht auf Freude und Anstrengung, auf Treue und Aufmerksamkeit, auf Zuhören und Schweigen, auf Offenheit und Einklang. Es ist ein edles Gefühl, das keinen Preis hat, denn Beziehungen, die Liebe hervorrufen, kennen nie die Sprache der Kosten-Nutzen-Rechnung.

In letzter Zeit geschieht jedoch etwas Eigenartiges in meinem Leben: Menschen, die ich kaum kenne und mit denen ich nur gelegentlich sehr oberflächlichen Umgang gepflegt habe, posaunen in alle vier Himmelsrichtungen hinaus, sie seien mit mir befreundet gewesen, und rühmen sich – als meine vermeintlichen Freunde – öffentlich, die Geheimnisse meines Privatlebens zu kennen. Welch absoluter Widersinn! Meine Freunde – die echten – würden nie etwas Derartiges tun, weil sie, wie ich, Diskretion und Respekt schätzen. Alle meine Freunde sind Menschen, die fern von den Zentren der Macht leben, Menschen, die den Weg der Suche und des Wachstums gehen, Menschen, für die Leben etwas ganz anderes bedeutet als bloße Äußerlichkeit. Wer in alle vier Himmelsrichtungen hinausposaunt, er sei »mein Freund«, ist also jemand, der es nie sein könnte, weil er für die Macht lebt und für das narzißtische Hochgefühl, sie zu zeigen. Denn was mich mit meinen Freunden verbindet – und diese mit mir –, ist Mut zur Entscheidung, moralische Strenge, Konsequenz, Schweigen und Demut. Lauter Dinge, die denen abgehen, die lautstark behaupten, »mich gut zu kennen«.

Das Geschrei dieser Art von Leuten – Schmeichlern, die sich in Windeseile in Verleumder verwandeln, ein Typus, den es in der menschlichen Komödie schon immer gab – ist nichts anderes als eine der Begleiterscheinungen der Bekanntheit. Der Erfolg wirkt oft wie ein Magnet, der einen Kompaß durcheinanderbringt: Plötzlich wird der Norden Süden und der Süden Norden, und weniger ausgeglichenen Menschen dreht sich der Kopf. Wenn einem schwindlig ist, hat man Mühe, etwas Vernünftiges zu sagen, also schreit man laut seine Freundschaft – oder Feindschaft – heraus, erfindet Beziehungen und zerstört sie, schleudert Pfeile und Bannflüche, lauscht der eigenen Stimme, berauscht von ihrer Kraft und Schönheit, wie der Rabe des Äsop jederzeit bereit, bei der bescheidenen Schmeichelei des erstbesten Fuchses den Schnabel aufzusperren und alles zu verlieren.

30. April

Cara Mathilda,

dieses Jahr war der Frühling hier besonders schön und hat auch außergewöhnlich früh begonnen: Schon Anfang Februar sah man dicke Knospen an den Ästen der Bäume, und aus den Hecken tönte das Gezwitscher der Vögel zur Paarungszeit. Seit vielen Jahren lebe ich in diesem Haus und kenne längst meine gesamte Nachbarschaft. Die Schleiereulen, die mich oft wach halten mit ihren nächtlichen Spaziergängen auf dem Speicher über meinem Zimmer, und das Käuzchen, das am liebsten im Gezweig der Eiche vor dem Fenster ruft, die seltenen, neugierigen Eichhörnchen, die im Frühling die Pinienstämme hinaufhuschen, und die Nachtigall, die sich im Mai in einem Strauch hinten an der Wiese niederläßt und von dort meine Abende mit ihrem betörenden Gesang erfüllt.

In diesen Monaten bringt die Natur nur Freude zum

Ausdruck: Hell leuchten die Knospen der Wiesenblumen im Gras, die Katzen spielen miteinander, und der Hund wälzt sich träge im sonnenwarmen Sand. Türkisfarben schimmern die Eidechsen zwischen den Büschen, und vom Wildbach tönt das unmelodische, zärtliche Quaken der Frösche herauf.

Von nun an esse ich im Freien zu Abend und lege mich danach auf die Wiese: Kein Film, kein Schauspiel ist für mich so schön und bewegend wie der langsame Übergang vom Dämmerlicht zur Dunkelheit der Nacht. Wenn ich an die vielen, langen Jahre zurückdenke, die ich in der Stadt gewohnt habe, denke ich vor allem an ein dumpfes Leiden: Fern von der Natur zu leben heißt für den, der in ihr aufgewachsen ist, fern vom tiefsten, freudigsten Teil seiner selbst zu leben.

Natürlich bemühte ich mich, auch dort etwas davon zu finden, pflanzte Stiefmütterchen und Primeln auf meinem einzigen Fensterbrett, ging auf dem Heimweg von der Arbeit eine bestimmte Straße entlang in der Hoffnung, den Duft der Linden- oder Glyzinienblüten zu riechen, blieb an einer Gartenmauer stehen, um dem Gesang der Grasmücken, dem Ruf der Amseln zu lauschen, stieg in der Dämmerung auf die allen gemeinsame Terrasse, um den Flug der Mehlschwalben zu beobachten, die zwitschernd zwischen Antennen und Häuserdächern herumschwirrten. Mehlschwalben, nicht einfach Schwalben: Wie oft habe ich das Freunden und Freundinnen erklären müssen, die kaum oder gar nicht in Vogelkunde bewandert sind!

Einmal sind wir auf dem Ponte Sisto stehengeblieben,

um ihnen zuzuschauen, weißt Du noch? »Wenn ich wieder in Afrika bin«, hast Du gesagt, »werden sie dich von mir grüßen: Wenn eine Mehlschwalbe oder eine andere Schwalbe über das Dach deines Hauses fliegt, kannst du immer denken, daß sie vielleicht einen Monat früher über mein Haus geflogen ist und von oben mich gesehen hat, bevor sie dich sieht.«

Wenige Dinge haben mich in meiner Begeisterung für die Natur so fasziniert wie der Vogelzug. Ich habe viele Bücher darüber gelesen, und trotzdem erfüllt mich dieses geheimnisvolle Phänomen mit Bewunderung. Die Wiedehopfe, zum Beispiel, erscheinen immer am 22. März bei mir, die Schwalben dagegen erschienen, als sie noch kamen, erst Anfang April. Seit jedoch vor einigen Jahren der große Stall hier unten zugemacht wurde, habe ich fast keine mehr gesehen. In ganz Italien und in den europäischen Ländern, die intensiv Landwirtschaft betreiben und übermäßig viel Kunstdünger und Insektenvertilgungsmittel gebrauchen, ist ihre Präsenz so dramatisch zurückgegangen, daß die wichtigsten Umweltvereine sich genötigt sahen, eine massive Aufklärungs- und Schutzkampagne zu starten. Es gibt die Insekten nicht mehr, von denen die Schwalben sich ernähren, es gibt keine Dachböden mehr, in denen sie ihre Nester bauen können, es ist sogar schwierig für sie geworden, sich den Lehm für den Nestbau zu besorgen.

Die Zyniker sagen: »Was ändert sich, wenn die Schwalbe verschwindet? Seit die Welt besteht, sterben ständig Arten aus!« Oder: »Es gibt gravierendere Probleme als kleine

Schwalben!« In Wirklichkeit ist das Problem der Schwalben nur die Spitze eines Eisbergs: Dahinter stecken weitreichende, bedrohliche Ursachen, die irrationale und wahnsinnige Zerstörung des natürlichen Gleichgewichts der Erde. Und da geht es dann tatsächlich um mehr als nur die Schwalben, Wirtschaft und Politik spielen hinein, der arrogante Mißbrauch und die Verschwendung von Ressourcen in den reichen Ländern und das immer verzweifeltere Elend der armen Länder.

Ich halte heute – vor allem für die Menschen, die an bestimmte Werte glauben – die Wahl des Lebensstils für das entscheidende Problem. Jeden Tag können wir mit unserem Verhalten, auch in den einfachsten Dingen, zur Zerstörung der Umwelt beitragen oder einen gegenläufigen Prozeß in Gang setzen. Die Schöpfung ist uns anvertraut worden, und wir sind der Schöpfung anvertraut worden, die Welt gehört uns nicht, wie man so lange glauben wollte, sondern wir sind Gäste, und als Gäste müssen wir uns an die Regeln des Respekts und des Zusammenlebens halten, müssen die Erde schützen und lieben. Und das bedeutet nicht zuletzt, nicht zu unterscheiden und nicht zu trennen, keine Hierarchien aufzubauen.

»Du kannst keine Blume berühren, ohne einen Stern zu stören«, hat der Philosoph Gregory Bateson geschrieben. Nie ist es so wichtig gewesen wie jetzt, sich für oder gegen das Leben zu entscheiden, für den destruktiven Wahnsinn des menschlichen Egoismus oder für »unsere Schwester Mutter Erde, die hilft, uns regieren und nähren«, wie der heilige Franziskus geschrieben hat.

7. Mai

Cara Mathilda,

letzten Sonntag habe ich mit Freunden einen Ausflug gemacht. Wir wollten zu einem Gestüt fahren, wo man Pferde leihen kann, und in den umliegenden Wäldern einen Ausritt unternehmen. Leider hatten wir nicht daran gedacht vorzubestellen, und als wir ankamen, waren die Tiere alle schon weg.

Ehrlich gesagt, bin ich nicht sehr vertraut mit Pferden, im Gegenteil, sie flößen mir eine gewisse Scheu ein. Esel haben mir immer irgendwie mehr gelegen. Esel sind demütig und still, bilden sich nichts auf ihre Schönheit ein, haben traurige Augen und weiche Nüstern, etwas Schmerzliches und Archaisches, was mir sehr sympathisch ist. Und außerdem sind sie vom Aussterben bedroht, weil ihre stumpfsinnige Arbeit nicht mehr benötigt wird, längst sind Traktoren und Maschinen an ihre Stelle getreten. Nun fragen mich aber immer häufiger Leute, die mich besuchen, während sie sich erstaunt umsehen: »Warum hast du kein Pferd? Es ist eine Schande, daß du dir hier kein Pferd hältst.« Dann antworte ich ganz ruhig: »Ein Esel würde es doch auch tun, findest du nicht?« Wer weiß, warum mein Vorschlag immer solche Heiterkeitsausbrüche hervorruft. »Willst du enden wie Sancho Pansa? Wie sieht das denn aus, wenn du auf einem Eselsrücken herumschwankst? Ein Esel ist langsam, stur, kann nicht galoppieren. Du hast Angst, das ist der Punkt!«

Um diese Stimmen endlich zum Schweigen zu bringen, hatte ich beschlossen, es einmal mit dem Reiten zu probieren. Nun blieb uns nichts anderes übrig, als zu Fuß loszugehen. Die Luft war lau und duftete, Dutzende von Schmetterlingen und Hummeln flatterten im Unterholz zwischen den blühenden Ginstersträuchern umher. Auf einer Lichtung bei einer Quelle machten wir Rast, zwischen uns herrschte heitere Unbeschwertheit, und nach dem Essen legten wir uns ins Gras, mit geschlossenen Augen hörte ich das Rauschen des Wildbachs und den leichten Wind im jungen Laub, umgeben vom feuchten, schweren Geruch der Erde, die sich dem Leben öffnet. Ich schlummerte ein und träumte von Großvater: Im Traum verwandelte sich der Bach in einen Fluß, einen breiten Fluß mit klarem Wasser, der Großvater war ein Junge und sprang hinein, um Fische zu fangen. Opa Gianni war der jüngste Sohn einer sehr großen Bauernfamilie. Er war in einem Bergdorf am Ufer des Flusses Aniene zur Welt gekommen und dort aufgewachsen. Er sprach oft von dem Fluß, und für mich, aufgewachsen in einer Gegend, wo Pfützen die einzigen Gewässer waren, hatten diese Erzählungen etwas überaus Magisches.

In dieser Zeit, gekennzeichnet von Nachrichten, die einem für das zukünftige Schicksal der Menschheit wenig Hoffnung machen, sind mir oft die Bilder wieder in den Sinn gekommen, die der Großvater mir überliefert hat. Bilder eines bäuerlichen, armen Italiens des neunzehnten Jahrhunderts; Bilder, gezeichnet vom Hunger, der dennoch so grundlegenden Werten wie Würde und Respekt nichts anhaben kann. Die Mutter, die vor den Kindern immer behauptete, keinen Appetit zu haben, die Familie, die sich auch vor leeren Tellern zum Gebet vereinte, die Jahrmärkte mit dem mit Köstlichkeiten behängten Maibaum, der mit Fett eingerieben wurde, um das Hinaufklettern zu erschweren – und doch gelang es Großvater, der noch besser kletterte als die anderen, immer, einen Käse oder eine Salami herunterzuholen; die fischreichen Wasser des Flusses, das Ereignis, das der Fang eines Hasen oder Fasans bedeutete.

Jetzt sehe ich den Aniene oft, fahre im Auto oder im Zug daran entlang, wenn ich Rom verlasse. Er gleicht weniger einem Fluß als einer Müllkippe: gelbes, übelriechendes Wasser, rostige Kühlschränke und Waschmaschinen; Plastikflaschen, Plastiktüten in allen Farben, die wie künstliche Blüten die Äste der Bäume zieren. Der Mythos – oder das Tabu? – der Moderne verbietet es zu sagen, daß früher etwas besser war als heute. »Wie? Es gab noch keine Antibiotika! Die Leute hungerten!« empören sich die Verteidiger des Fortschritts, und das ist wahr, sehr wahr. Aber es ist auch wahr, daß diese Dinge – Hunger, hohe Sterblichkeit, Ausbeutung der Schwächeren – bis heute existieren, und heutzutage gibt es zwar Antibiotika, aber es gibt auch neue, verheerende Krankheiten, gegen die Antibiotika nichts ausrichten können.

In der Welt der Erinnerungen, die der Großvater mir hinterlassen hat, gibt es etwas, was in diesem Jahrhundert fast gänzlich verschwunden ist, nämlich »die Gottesfurcht«, das Gespür für die Verletzlichkeit und Endlichkeit des Menschen und dafür, daß diese Verletzlichkeit und diese Endlichkeit auf geheimnisvolle Weise Teil eines größeren Planes sind.

Seit einiger Zeit passiert es mir immer häufiger, daß

ich Menschen treffe, die sagen: »Ist das nicht entsetzlich? Bald, sehr bald sogar beginnt das Jahr 2000!« Ich finde das überhaupt nicht entsetzlich, im Gegenteil, ich erwarte diesen Tag mit einem Gefühl neugieriger Vorfreude. Ich kann es kaum noch erwarten, daß das zwanzigste Jahrhundert geht und sein großes, grauenhaftes Allmachtsdelirium mit sich nimmt. Ich kann es kaum erwarten, daß der Mensch wieder zum demütigen Gärtner wird, der die Kunst der Aussaat und die Zeit der Ernte kennt, die Liebe für das, was geboren wird und lebt, und für das, was stirbt. Ein Mensch, der auf einer neuen Erde geht, unter einem neuen Himmel.

14. Mai

Cara Mathilda,

inzwischen sind die Tage bei uns sehr lang, es bleibt bis zum Abendessen hell. Nun habe ich mir angewöhnt, außer dem Morgenspaziergang auch einen Abendspaziergang zu machen. Ich schalte den Computer ab, ziehe meine Turnschuhe an, gehe hinaus, pfeife dem Hund, und dann ziehen wir gemeinsam los. Am Morgen gehe ich langsam, um mich zu sammeln; bei Sonnenuntergang dagegen laufe ich, um meinen Kopf zu durchlüften und mich seelisch auf die Stille des Abends vorzubereiten.

Der Weg ist uneben, führt durch den Weinberg, bergauf und bergab, und dennoch empfinde ich weder Langeweile noch Anstrengung. Überall um mich her herrscht so viel Freude und Schönheit! Die großen Kirschbäume stehen in voller Blüte, und das Grün der Wiesen ist übersät mit

Löwenzahn und Wolfsmilch, Veilchen und Zyklamen; die Vögel fliegen geschäftig hin und her, um ihre Kleinen in den Nestern zu füttern; die Bienen, die Hummeln und die Holzbienen summen bis zur Dämmerung um die Ginsterbüsche herum. Der Hund läuft vor mir her, dann verschwindet er und taucht plötzlich hinter mir wieder auf, schnuppert, sucht, gräbt, liest geheimnisvolle Botschaften in der Luft. Wenn ich nach Hause zurückkehre, ist die Sonne verschwunden, aber ihr Leuchten hält noch an; die Zypressen, die Pinien und Eichen sind nur noch dunkle Silhouetten, und der Himmel färbt sich in allen Farben des Wandels: ein Goldfaden am Horizont, und dann durchsichtiges Zartblau, das langsam stärker wird, lichtes Dunkelblau, das Indigoblau der Nacht, die Sterne, die einer nach dem anderen zu funkeln beginnen, und der Mond, der noch blaß über allem steht.

Obwohl sich dieses Schauspiel jeden Tag wiederholt, werde ich nie müde, es zu betrachten und ein dankbares Staunen zu empfinden. Dem ersten Licht der Dämmerung entgegenzulaufen ist zu meiner Art des Meditierens geworden. »Was ist Meditation? Wie macht man das?« bin ich mehr als einmal von neugierigen Freunden gefragt worden. Oft fanden sie meine Antworten enttäuschend. Vielleicht erwarteten sie komplexe Formeln oder Riten, nicht einfach nur eine seelische Verfassung.

In diesen wirren und widersprüchlichen Zeiten herrscht ein großes Bedürfnis danach, zum echtesten und tiefsten Teil seiner selbst vorzudringen, aber oft mangelt es an der Fähigkeit, sich zu orientieren, herauszufinden, welches der rechte Weg ist. Gurus und Leute, die sich als solche ausgeben, Experten für irdisches und überirdisches Glück haben Hochkonjunktur, überall werden Kurse und *workshops* angeboten, welche die Erlangung aller erdenklichen Kräfte verheißen: von Heilung durch Berührung bis zu Reisen außerhalb des Körpers. Das Ganze hat etwas unglaublich Infantiles, findest Du nicht?

Der innere Weg wird nicht mehr als Fortschritt begriffen, den man Tag für Tag mit dem klaren Verstand und der Herzensklugheit des Erwachsenenalters erringen muß, sondern er ist ein Zauberpulver geworden, das nach Bezahlung von jemandem, der sich selbst zum »Meister« ernannt hat, über uns ausgestreut wird. Man zahlt, wartet ab, und das Ergebnis kommt bestimmt. Wie weit ist das alles von meiner Vorstellung von Meditation entfernt! Man kann beim Kaffeekochen meditieren, beim Abspülen, beim Einkaufen im Supermarkt, oder beim Laufen, wie ich es jeden Abend tue.

Meditieren ist gleichzeitig sehr leicht und sehr schwer. Man kann Dutzende von verschiedenen Formeln und Techniken ausprobieren, ohne weit zu kommen, oder keine anwenden und doch ganz darin aufgehen. Meditation ist vor allem ein Zustand des »Präsentseins« und nicht – wie man versucht, glauben zu machen – der Abstraktion. Meditieren bedeutet, bei sich selbst zu sein, beim Leben und bei den Menschen, die um uns sind, offen für das Geheimnis, das uns eint. Denn wir glauben oft, wir seien dafür offen, sind es aber nicht, sondern leben mitten unter den anderen in unsere subjektive Wahrnehmung eingeschlossen wie ein Taucher in seinen Tauchanzug.

Wir leben gefangen in unseren Vorstellungen *von* der Wirklichkeit, nicht *in* der Wirklichkeit. Alle unsere Sinne – Hören, Tasten, Sehen – sind buchstäblich betäubt durch den Reigen der Vorstellungen.

Unaufhörlich denken wir an das, was sein soll und nicht sein soll, an das, was gewesen ist, und das, was sein wird. Kurz, in unserem Kopf herrscht ein ununterbrochener Andrang von Erinnerungen, Vermutungen, Urteilen und Hoffnungen, die uns daran hindern, in der Gegenwart zu leben. Und doch ist die Lebenszeit – die einzige wirklich reale Zeit – die Gegenwart. Sich der Meditation zu widmen bedeutet vor allem anderen zu lernen, wieder zu sehen und wieder zuzuhören. Erst wenn wir diesen Weg der Umerziehung eingeschlagen haben, werden wir begreifen, wie wenig wir bisher gesehen und gehört hatten.

So wird unser Leben ganz allmählich immer reicher. Nicht reicher an Wundern oder übersinnlichen Reisen, sondern an Aufmerksamkeit, die wir geben und bekommen. Wir werden nicht mehr Langeweile und Angst empfinden, sondern das Gefühl, handelnde Wesen in einem Universum zu sein, in dem die Liebe überwiegt.

21. Mai

Cara Mathilda,

gestern abend hatte ich weder Lust zu lesen noch fernzusehen, also habe ich die große Pappschachtel mit Fotos hervorgeholt und angefangen, sie alle auszubreiten, um sie zu sortieren. Ordnung in die Fotos zu bringen ist für mich so etwas Ähnliches wie die letzte Zigarette für einen eingefleischten Raucher: etwas, was ich mir immer wieder vornehme, aber nie schaffe. Im Lauf der letzten Jahre habe ich sogar schon einige Alben gekauft, aber sie liegen noch ungeöffnet da. Ab und zu nehme ich sie in die Hand und sage zu mir: »Bekäme ich doch mal eine schöne Grippe, eine von denen, bei denen man so richtig lange im Bett bleiben muß. Dann hätte ich endlich die Möglichkeit, alles zu ordnen!«

Das sind natürlich nur Ausreden, in Wirklichkeit habe ich gar keine Lust, die Bilder meines Lebens nach irgendeinem logischen Kriterium zu unterteilen. Es ist so schön, die Hand in der Schachtel zu versenken und nicht zu wissen, was hervorkommen wird! Funktioniert das Gedächtnis denn nicht genauso? Plötzlich taucht zwischen den Erinnerungen, ohne ersichtlichen Grund, ein Bruchstück auf, ein Gesicht, die Einzelheit eines Tages, an den wir uns nicht mehr erinnerten.

Ich habe Fotografie nie als »Kunstform« betrieben: Der größte Teil meiner Bilder wurde mit billigen Apparaten und ohne jedes technische Geschick aufgenommen. Bei dreißig Prozent dreht es sich um Geburten, Taufen, Geburtstage und Erinnerungsfotos von Sport-*workshops*, während die verbleibenden siebzig Prozent ausschließlich meine Bergtouren dokumentieren. Komische Sache, findest Du nicht? Etwa so, als wäre die einzige Erfahrung, an die ich mich gerne erinnern möchte, der Weg, den ich zurückgelegt habe, um einen Gipfel zu erreichen.

Aufstieg, Abstieg, ebene Strecke: Daran dachte ich neulich in Lourdes, in der großen unterirdischen Basilika, der letzten Station einer Pilgerreise, die mich zu den wichtigsten Marienheiligtümern in Spanien und Portugal geführt hat. Rund um mich standen Leute aller Nationalitäten, der Raum war kahl, nüchtern, keine Statuen, kein Goldschmuck, kein Flitterglanz war über unseren Köpfen zu sehen, nur das Gras, das außen auf dem Kirchendach wuchs.

In den vorangegangenen Tagen hatten wir die Kathedrale von Sevilla und die von Santiago de Compostela besucht. Dort war alles anders, die Räume waren so mit Verzierungen und Ornamenten überladen, daß mir schwindelte und ich mich dem Ersticken nahe fühlte. Deshalb empfand ich vielleicht, während wir in der Kirche von Lourdes auf den Beginn der Messe für die Gemeinde aus aller Welt warteten, eine Art Leichtigkeit. Als dann der Chor das *Veni, Creator Spiritus* anstimmte, hatte ich den Eindruck, buchstäblich über dem Boden zu schweben, es war wie ein Sog der Freude, so als hätte ein sanfter Wirbelwind uns alle ein wenig in die Höhe gehoben.

Nur ein einziges Mal hatte ich an einem geweihten Ort eine ebenso starke Empfindung des »Aufsteigens« ins Licht gehabt: in der kleinen Kirche der wunderbaren Brotvermehrung am Ufer des Tiberiassees in Israel. Es war März, und rundherum war niemand, ich war lange gewandert, um dorthin zu gelangen. Die Tür stand offen, und innen saß ein Mädchen auf der Erde und restaurierte den Fußboden. Ich habe mich ein wenig in Andacht versenkt. Nach einiger Zeit wurde die Stille der Kirche vom lauten, freudigen Gezwitscher einer Spatzenschar erfüllt, die, vielleicht von einem Windstoß getrieben, hereingeflogen kam: Zwischen Altar und Bänken jagten sie hintereinanderher, glücklich und lärmend wie Kinder nach der Schule. Noch immer kehre ich, wenn ich in meinem Gedächtnis eine Oase des Friedens suche, in Gedanken zu der kleinen Kirche von Tabgha zurück.

In den letzten Jahren hat sich das Gefühl für das Heilige und für die Kommunion mit dem Göttlichen verflüchtigt wie ein wenig willkommener Gast. Der größte Teil unseres Lebens verläuft auf einer waagrechten Linie. Sogar Kinder und Jugendliche werden dazu erzogen, geradeaus zu gehen, ohne je den Blick zu dem Geheimnis zu erheben, das uns überragt. Das praktische Leben nötigt uns zu vielen Dingen, und so erscheint uns alles, was seiner Konkretheit fremd ist, schließlich sehr häufig als Luxus, Utopie oder Zeitverschwendung. Wir haben Pläne, Ideen und fürchten, sie nicht verwirklichen zu können: Kaum ist ein Ziel erreicht, ein Wunsch erfüllt, erfinden wir sofort einen anderen.

Es ist nicht sonderlich schwer zu erkennen, daß unser Horizont begrenzt ist: Die wahre Schwierigkeit besteht darin, den Mut aufzubringen, einen anderen Horizont jenseits des bekannten zu erahnen, einen Schimmer davon zu erhaschen, damit der Sinn für das Heilige und das Geheimnis unsere Tage neu belebt wird. Das, was den Geist bewegt, ihn erhebt, liegt ständig vor uns, nur haben wir die Fähigkeit verloren, es wahrzunehmen. Es ist so ähnlich, als würden wir viele Briefe erhalten und sie wegwerfen, ohne sie zu lesen, lieber morgen oder später. Jetzt muß ich weiter marschieren, vorwärtsgehen!

Aber was ist das Leben? Wo ist es? Ist es unser Marsch oder die Rose, die uns am Weg ihre Schönheit darbot? Ist es das Ziel oder das Kind, das uns unterwegs lächelnd grüßte und dessen Lächeln wir nicht erwiderten?

28. Mai

Cara Mathilda,

endlich ist der Regen gekommen, langanhaltender, strömender Regen, begleitet von herbstlich anmutendem Nebel. Ende Januar blühten schon die Bäume, im Februar aßen wir im Freien zu Mittag, Anfang April hat es unerwartet Frost gegeben, und alle gerade aufbrechenden Knospen sind erfroren. Gestern habe ich meine Nachbarin auf einen Kaffee besucht: Von den Dolden ihrer schönen Glyzinie waren nur noch schwarze, verkümmerte kleine Gerippe übriggeblieben. »Seit vier Jahren schafft sie es nicht mehr bis zur vollen Blüte«, hat die Nachbarin bekümmert bemerkt, »das Wetter wird immer verrückter.« Nur das Wetter? fragte ich mich und wechselte das Thema. Das Schauspiel der toten Pflanzen war schon trostlos genug.

»Es ärgert mich ein bißchen, daß ich zu früh geboren worden bin«, sagte meine Großmutter immer. »Aber andererseits«, fügte sie dann hinzu, »erleichtert es mich auch: Wenn ich mir so anschaue, was vermutlich auf uns zukommt, reizt oder freut die Zukunft mich keineswegs, sondern macht mir nur angst.« Wie viele Frauen ihrer Generation hatte sie ihre Träume nicht verwirklichen können – sie hätte gern studiert, gearbeitet – und deswegen gedacht, sie habe ihre Intelligenz, ihren Tatendrang, ihren Wissensdurst vergeudet. »Ich weiß nicht, ob ich nur alt und verwirrt bin«, wiederholte sie in den letzten Jahren oft, »oder ob die Welt wirklich immer verrückter wird.«

Daran habe ich gestern wieder gedacht, als mir, während ich Papiere in einen Schrank räumte, eine alte hellgrüne Blechschachtel in die Hände fiel, die früher einmal Plätzchen enthalten haben muß: In dieser Schachtel bewahrte die Großmutter ihre Erinnerungen auf. Sie ist, zusammen mit einem Schrank und zwei alten Wollhemden, alles, was mir von ihr geblieben ist. Monatelang habe ich sie nach dem Tod der Großmutter furchtsam betrachtet, als enthielte sie eine Zeitbombe. Was mag darin sein? fragte ich mich, ohne den Mut zu finden, sie zu öffnen.

Dann, an einem regnerischen Frühlingstag wie diesem, an dem ich Dir schreibe, habe ich all meine Kräfte zusammengenommen und den Deckel abgehoben. In der Schachtel lagen, fein säuberlich geordnet, wie alte Menschen das häufig tun, wenige Dinge: eine gewisse Anzahl von Schlüsseln verschiedener Formen und Größe, einige Gummibänder, mehrere bunte Schleifen, *Der Mandelbaum und das Feuer* von Ernesto Balducci, ein Büchlein mit Kirchenliedern aus den fünfziger Jahren, ein Foto von mir und eines von ihr, eine Taschenbuchausgabe der Psalmen, ein durchsichtiges Kämmchen, *Der kleine Prinz* von Saint-Exupéry, ein Foto der Grotte von Lourdes mit dem Gebet des Abbé Perreyve hintendrauf, zwei alte Bleistifte, eine getrocknete

Blume und, mit einem roten Band umwunden, alle Briefe, die ich ihr im Lauf der Jahre geschrieben hatte.

Wenn man diese Gegenstände so aufzählt, könnte man auf den Gedanken kommen, Großmutter sei fanatisch religiös gewesen. Doch in Wirklichkeit war sie im Gegenteil darauf bedacht, alles, was mit Frömmigkeit zusammenhing, im stillen Kämmerlein mit sich selbst abzumachen. Ich habe sie nie missionieren hören, ich habe sie nie jemandem irgend etwas aufzwingen sehen. Sie hat stets nach dem festen Grundsatz gelebt, daß die Rechte nicht wissen darf, was die Linke tut. Was sie den anderen im Alltag gab, war ihre heitere Seite und die Fähigkeit, zuzuhören und die anderen zu akzeptieren, ohne über sie zu urteilen.

Als ich den Deckel der Schachtel wieder schloß, fühlte ich plötzlich das Gewicht dieses Erbes. Sie enthielt auf kleinstem Raum alles, was dazu beigetragen hatte, Großmutter in ihrem Leben innerlich Freude und Kraft zu geben. Schon zu Beginn der Krankheit hatte sie die kostbarsten Dinge da hineingelegt und ein Schildchen mit meinem Namen daraufgeklebt. Sie fürchtete, ihr Schatz könnte nach ihrem Tod verlorengehen.

Seitdem denke ich oft an die Sache mit der Schachtel, an die grüne Schachtel, die mir Großmutter vermacht hat, und an die Schachteln, die ich denen, die nach mir kommen, hinterlassen werde. Was bleibt von jedem von uns nach seinem Aufenthalt auf dieser Erde? Was haben wir aufbauen können für die Kinder, die Enkel, die Menschen, denen wir im Lauf des Lebens nahegekommen sind? »Als die Kleine drei geworden ist«, hat vor einiger Zeit eine Freundin zu mir gesagt, »habe ich eine hohe Lebensversicherung für sie abgeschlossen. Ich will nicht, daß sie später mal Probleme hat.«

Was legen wir in unsere Schachteln? Beglaubigte Urkunden, Versicherungspolicen, Listen von Besitztümern und womöglich Atombunkern? Oder Bewußtheit? Dinge, die ruhig schlafen lassen, oder Dinge, die das Gewissen aufrütteln und schlaflos machen? Oder lassen wir sie einfach leer wie Ostereier, bei denen vergessen wurde, eine Überraschung hineinzutun? Wir haben eine so hohe, zwanghafte Achtung vor der Zukunft, daß wir vergessen, daß unsere Zukunft eines Tages Vergangenheit sein wird.

Haben wir im Leben Liebe und Bewußtheit gesät, wird nach uns Liebe und Bewußtheit wachsen. Haben wir Eigentum und Papiere hinterlassen, werden die Rechtsanwälte mehr Arbeit bekommen. Haben wir dagegen nichts gesät, werden Leere und Zerstörung nach uns noch schneller weiterwachsen.

4. Juni

Cara Mathilda,

vor einigen Wochen erhielt ich einen Brief aus der Provinz Vicenza: Eine freundliche Signora bat um das Eingreifen von Amalia Zwiebeldick. Wer weiß, ob Du Dich noch an sie erinnerst? Wahrscheinlich erinnern sich Deine Kinder besser als Du: Amalia Zwiebeldick ist die unerschrockene Hauptfigur aus meinem Kinderbuch *Der Zauberkreis*. Wer ist sie, wirst Du fragen, und was macht sie so Besonderes, daß man sie zu Hilfe ruft?

Amalia Zwiebeldick ist eine alte Dame, die das Fernsehen haßt und Tiere, Blumen, Bäume und all die anderen schönen Dinge liebt, die eine Handvoll Bösewichter, die gerade an der Macht sind, ständig systematisch zu zerstören trachtet. Die Bösewichter – angeführt von der abscheulichen Speckigen Ferkeligkeit Wabbel I – lieben Geld über alles, und wenn sie nur immer noch mehr davon anhäufen können, sind sie zu allem bereit. Auch Amalia Zwiebeldick ist zu allem bereit, aber die Werte, für die sie kämpft, sind das genaue Gegenteil: Amalia setzt sich für Achtung vor jeder Kreatur ein, für den Schutz der Schwächeren, für die Freiheit des Denkens und für die Pflege und die Rettung der schönen Dinge, die ihr anvertraut wurden.

In meinem Märchen gewinnt natürlich sie am Ende, doch im wirklichen Leben geht es leider fast immer anders aus. Macht wirkt wie feines Nervengas, verbreitet sich lautlos, aber unaufhaltsam, und so geschieht es, daß auch Menschen mit lautersten Absichten, haben sie es einmal eingeatmet, sich ganz allmählich verändern: Plötzlich interessiert sie nicht mehr das Wohl der Gemeinschaft, sondern nur der eigene Vorteil oder höchstens noch der Vorteil der Gruppe, der sie angehören. Und an erster Stelle steht dabei natürlich das Geld: In der geringstmöglichen Zeit muß man so viel zusammenraffen, wie man nur irgend kann.

Übertreibe ich aus Pessimismus? Ich wünschte, es wäre so, doch braucht man nur den Kopf zu heben und sich umzusehen, um festzustellen, daß dem nicht so ist. Durch welche Gegend man auch fährt, überall sticht die sinnlose Häßlichkeit der Zersiedelung und Landschaftszerstörung ins Auge, die seit Ende des Krieges angerichtet wurde.

Ich gehöre nicht zu den Leuten, die ihr Land gerne verleumden und dauernd damit drohen, ins Ausland zu gehen, wo es zivilisiertere Gesetze gibt. Ich bin glücklich, in Italien auf die Welt gekommen zu sein, und glücklich, hier zu leben. Ich träume nicht von fernen Horizonten, erträume mir aber gewiß einen anderen Horizont für die Zukunft unseres Landes, das so außergewöhnlich ist in der Welt und so außergewöhnlich verstümmelt wurde in seiner Schönheit und Integrität, da die bourbonische Rückständigkeit seiner Gesetze und seiner Bürokratie bei seinen Bewohnern zu Verachtung und apathischer Resignation geführt hat. Andererseits – wie könnte man sie tadeln? Zu lange sind sie, sind wir gedemütigt und als Untertanen behandelt worden anstatt als aktiver, bewußter und geachteter Teil einer Demokratie. Manchmal hat man den Eindruck, als lebte man auf einem riesigen Papiertaschentuch: Es wird benutzt, beschmutzt, weggeworfen. Und dann? Nach mir die Sintflut.

Zum Glück beginnt sich etwas zu verändern: Immer mehr Menschen erkennen, daß sich eine bessere Lebensqualität – und eine bessere Umwelt – zu erkämpfen kein zweitrangiger Luxus ist, sondern ein Recht, das zum zivilen Leben gehört, ein Reichtum, den man denen weitergeben muß, die nach uns kommen. Immer mehr Menschen verlangen inzwischen von den Regierenden Rechenschaft über ihre Taten.

Das bezeugt der Brief, von dem ich Dir eingangs erzählte, ein Brief voll Schmerz und Empörung, aber kein bißchen resigniert. Er stammt von einer wachen und verantwortungsvollen jungen Mutter, die – gerade um ihren Kindern eine bessere Lebensqualität zu garantieren – beschlossen hatte, aufs Land zu ziehen. Noch vor einigen Monaten ging alles hervorragend, die Kinder wuchsen fröhlich und unbeschwert heran, bis eine schreckliche Nachricht ihnen den Frieden geraubt hat – seitdem sind sie außer sich.

Was ist passiert? Ihr Garten wurde zugunsten einer Schnellstraße enteignet. Die Bäume werden gefällt, dann kommen die Teermaschinen und danach das Blei, die Abgase und das »angenehme« Vorbeirauschen der Lastwagen. Wie oft passiert so etwas in Italien? Wer kontrolliert die Arbeit der Kommunalbehörden? Ist es denn möglich, daß der Schutz des Territoriums samt der Gesundheit der dort lebenden Menschen immer noch so unklar definiert ist und die Gesetze nach Lust und Laune ausgelegt werden können? Warum entsteht in diesem Land allerorten der Eindruck, daß jeder, der auch nur die kleinste Macht besitzt, sie gegen die Interessen der Gemeinschaft ausübt und wenige einzelne begünstigt? Warum gelingt es nicht, das Wort »Ausbeutung« durch das Wort »Dienstleistung« zu ersetzen?

Gegen all diese Unsitten bleibt nur eins zu tun: sich in viele, viele Amalia Zwiebeldicks zu verwandeln. Denn die Zukunft beginnt weder morgen noch in einem Jahr, sondern heute. Die Zukunft wird Tag um Tag aus den Entscheidungen geboren, zu denen unser Bürgersinn und unser menschliches Bewußtsein uns aufrufen.

11. Juni

Cara Mathilda,

heute schreibe ich Dir aus Rom, in meiner kleinen Wohnung, wo wir so viele Stunden zusammen verbracht haben. Obwohl ich es nicht sehe, weiß ich, daß jenseits des gegenüberliegenden Hauses die Sonne scheint, und ich weiß auch, daß es windig ist, weil ich das metallische Klirren der Antennen höre. Im Hof ist es still: Die Kinder, die vor zehn oder fünfzehn Jahren den Nachmittag mit ihrem Geschrei erfüllten, sind nun erwachsen und wohnen nicht mehr hier. Man hört das Gurren der Tauben und ab und zu den zu laut eingestellten Fernseher der alten Leute.

Hier im Haus wohnen jetzt viele Asylanten, wenn ich außen auf der Galerie entlanggehe, rieche ich oft fremde Düfte und höre Melodien, die mich in andere Länder versetzen. Du hast viele Monate hier verbracht, als Du mit Virginia schwanger warst, deshalb fühle ich mich heute, während ich Dir schreibe, Dir noch enger verbunden.

Weißt Du noch, wie wir zum erstenmal mit der neugeborenen Virginia im Tragetuch zusammen spazierengegangen sind? Wir gingen wie immer gedankenverloren den Bürgersteig entlang, Du auf der Straßenseite, ich innen. Plötzlich bist Du stehengeblieben und hast zu mir gesagt: »Macht es dir was aus, wenn wir die Seiten wechseln?« – »Natürlich nicht, aber warum?« – »Mir ist gerade klargeworden, warum der Blick sich ändert, wenn man Mutter wird«, hast Du geantwortet, »und mit dem Blick ändert sich auch das Verhalten. Plötzlich wird dir bewußt, daß es nun jemanden gibt, der verletzlicher ist als du, und diesen jemand mußt du beschützen.«

Vor ein paar Wochen habe ich eine Freundin besucht, die gerade eine Tochter bekommen hatte, ein lang ersehntes Wunschkind. Die Mutter strahlte, der Vater war heiter, und das Baby schlief mit einem Ausdruck vollkommenen Glücks, vollkommenen Vertrauens selig in ihren Armen. Viele Tage lang habe ich dieses Bild in mir getragen wie eine kleine Oase heiteren Friedens, wo ich in Augenblicken der Traurigkeit, die in letzter Zeit nicht selten waren, Trost schöpfen konnte.

Hab keine Angst, ich bin nicht wegen meines Lebens traurig, sondern weil ich seit einiger Zeit rund um mich nur noch Geschichten von Ehen höre, die in die Brüche gehen. Und während ich mir Gefühlsausbrüche und Bitten um Ratschläge anhöre, wird mir meine Ohnmacht nur desto deutlicher bewußt. Je länger ich nachfrage, je mehr ich zu verstehen versuche, desto mehr bekomme ich den Eindruck, daß man da das Dach auf ein Haus gesetzt hatte, ohne zuvor die Frage des Fundaments zu klären. So gleicht die Ehe nicht einem Bündnis zwischen zwei erwachsenen, bewußten Menschen, sondern der Flucht zweier Kinder in einen Traum.

Darüber unterhielt ich mich vor einigen Tagen mit einer Freundin: Auch sie ist alleinstehend, und auch ihr gestehen öfter Paare ihre Schwierigkeiten und bitten sie um Hilfe. »Ich komme mir vor wie im Kindergarten«, hat sie gesagt, »dauernd rede ich mit Bonsai-Menschen. Altersmäßig sind sie erwachsen, im Kopf aber kleine Kinder.« Wie kann man in einer Beziehung einen Wachstums- und Wiederaufbauprozeß in Gang bringen, wenn beide Personen nur fähig sind, den anderen zu beschuldigen und darauf zu beharren, daß sie recht haben? Und doch haben eben diese Personen – an einem häufig gar nicht so weit zurückliegenden Tag – einander ein sehr verpflichtendes Versprechen gegeben und sich dabei gerührt und liebevoll zugelächelt.

Was ist danach geschehen? Woher stammt dieser auflammende Haß, der binnen kurzer Zeit alles zerstört? »Vielleicht«, habe ich geantwortet, »muß man sich nicht fragen, was nachher, sondern was vorher geschehen ist.« Oder besser gesagt, was vorher *nicht* geschehen ist. Denn offensichtlich haben sich diese Personen ja zu einem so wichtigen Schritt entschlossen, ohne je den Schritt davor zu machen, den der Selbsterkenntnis.

Im Rausch der Verliebtheit kommt man auf die Idee zu heiraten. Dem folgt die Pflicht der gesellschaftlichen Repräsentation: das Brautkleid, die Trauung, die Einladungen, der Empfang, die Wohnung, die Hochzeitsreise. Und so vergehen ein bis zwei Jahre wie im Flug, und mit den Jahren vergeht auch die Verliebtheit, und dann wächst in den Eheleuten die Vorstellung, einen Reinfall erlebt zu haben. »Ich dachte, sie wäre anders... Ich dachte, er wäre anders... Ich dachte, meine Liebe würde ihn/sie verändern...«

Warum hat ihnen nie jemand gesagt, daß wir uns nur selbst verändern können? Und es sagt ihnen auch niemand, daß der einzige Hoffnungsschimmer, die Ehe zu retten, genau darin besteht: innerlich in seiner Individualität zu wachsen, sich selbst zu erkennen und den Sinn des Paarlebens im richtigen Licht zu sehen. Es handelt sich um einen schwierigen und häufig unangenehmen Schritt, der auch große Demut erfordert. Es ist viel einfacher, alles einem Rechtsanwalt zu übergeben und wieder frei zu sein. Doch wird es noch einmal eine Scheinfreiheit sein, denn wahre Freiheit ist untrennbar mit tiefer Erkenntnis des Selbst und des eigenen Lebensplans verbunden.

18. Juni

Cara Mathilda,

die Hitze ist dieses Jahr sehr plötzlich gekommen. Von einem Tag zum anderen mußte ich den Kleiderschrank umräumen, was ich immer sehr lästig finde: weg mit den Flanellhemden und Pullovern, heraus mit den T-Shirts, wobei die Frühjahrskleider unberührt auf dem Bügel bleiben, da man sie offenbar gar nicht mehr braucht. Abends essen wir nun im Freien, und wenn ich mich anschließend zum Arbeiten in mein Zimmer zurückziehe, höre ich nicht mehr den Nordwind pfeifen, der versucht, durch die Fensterritzen einzudringen, sondern nur das Klopfen der Nachtfalter, die, vom Licht angezogen, gegen die Scheiben prallen. Jede Jahreszeit hat ihre Geräusche; die vielbesungene »Stille auf dem Land« ist eine Illusion: Geraschel, Gesumm, Quaken, Tierstimmen und Vogelgesang unterscheiden einen Zeitabschnitt genau vom anderen.

Apropos Stille, letzte Woche besuchte mich eine alte Bekannte. Sie hatte mich einige Tage vorher angerufen und ihr Kommen angekündigt. »Ich bin in einer Krise, ich muß allein sein und nachdenken«, hatte sie gesagt, »ich werde drei, vier Tage bleiben, vielleicht auch eine Woche.« Ich hatte sie lange nicht gesehen, in den letzten Jahren waren wir sehr verschiedene Wege gegangen, aber ich war trotzdem zufrieden mit ihrem Besuch.

Ich habe sie also glücklich erwartet, voll Vorfreude auf die gemeinsamen Spaziergänge, die Gespräche, die Momente des Schweigens; in diesem Gefühl habe ich sie Montag abend am Bahnhof abgeholt; mit einem ganz anderen Gefühl habe ich sie am darauffolgenden Morgen wieder zum Zug gebracht. Was war in diesen vierundzwanzig Stunden passiert? Es war passiert, daß sie keinen Augenblick aufgehört hatte, ihre Rolle zu spielen, die Rolle einer aktiven Frau, die ihre ehrgeizigen mondänen Pläne erfolgreich verwirklicht.

Den ganzen Nachmittag saß sie kettenrauchend auf dem Rasen. Neben sich hatte sie Arbeitspapiere liegen, in denen sie weiterblätterte, auch wenn sie mit mir sprach. Sie hat mir viel erzählt: von ihren beruflichen Erfolgen und dem entsprechenden Neid, von den Männern, die ihr den Hof machten, vom Kauf einer neuen Wohnung und eines Autos. Zwei Stunden lang habe ich ihr zugehört, ohne etwas anderes tun zu können, als freundlich zu nicken. Bei Sonnenuntergang habe ich ihr vorgeschlagen, einen Spaziergang durch den Weinberg zu machen. »Man sieht schon die Trauben wachsen«, habe ich zu ihr gesagt, »das ist ein wunderschöner Anblick.« – »Jetzt ist mir nicht danach«, hat sie geantwortet, »vielleicht ein andermal.«

Nach dem Abendessen hat sie sich an ihr Mobiltelefon gehängt, anstatt den Grillen und der Nachtigall zu lauschen.

Als sie es schließlich abgeschaltet hat, ist sie schlafen gegangen. Am nächsten Morgen habe ich sie mit brennender Zigarette in der Küche vorgefunden. »Es tut mir leid, ich muß mit dem ersten Zug abreisen«, hat sie mir verlegen eröffnet, »ich habe einen unvorhergesehenen Termin.« Stumm habe ich sie zum Bahnhof gefahren, während ich alle Kraft darauf verwandte, mich von ihrem Unbehagen nicht anstecken zu lassen. Auf dem Heimweg habe ich die Autofenster heruntergekurbelt, und langsam wurde der Geruch nach Zigarettenrauch vom Duft der Lindenblüten vertrieben. Wo war die Krise, von der sie am Telefon gesprochen hatte, ihr Bedürfnis nachzudenken? Was war geschehen? Hatte sie Angst bekommen? Oder hatte es sich bei Stille und Krise nur um Worte gehandelt, die sie aufs Geratewohl benutzt hatte, um ein geheimes Einverständnis herzustellen?

Bei einer bestimmten Sorte von Menschen fällt mir immer das Bild eines Gipsabdrucks ein, der fertig ist für den Bronzeguß. Der Abdruck trägt, als Negativ, alle Züge der zukünftigen Statue. Vorerst jedoch ist er leer. Wie feindselig muß man sich selbst gegenüber sein, um sein Leben als rein äußerliche Darstellung zu leben? »Ich lebe ausgezeichnet so«, wiederholte die Bekannte beinahe hysterisch, »ich mache mir keine Probleme und bin glücklich.« Dabei drang durch jede Pore ein Gefühl der Eiseskälte, Beklommenheit und Angst. Während ich ihr zuhörte, dachte ich irgendwann: »Das ist es, sie ist blind und taub geworden. Und sie rühmt sich dieser Blindheit und Taubheit.«

Wie viele taube Menschen, wie viele blinde Menschen

leben um uns herum? Wie viele Menschen spielen eine Rolle, anstatt zu leben? Warum tun sie das, da doch die ersten, die dabei schlecht leben, sie selbst sind? Vielleicht weil man, bevor man die Fülle des Lebens akzeptieren kann, erst das Geheimnis seines Ursprungs akzeptieren muß. Angst erwächst aus Unwissenheit: Wenn man nicht um den Sinn weiß, weiß man nicht, welche Richtung man einschlagen soll.

Bildhauer zerbrechen die Abgüsse mit einem Hammerschlag. Bei tumben Menschen müßte man ähnlich vorgehen, laut in die Hände klatschen und rufen: »Aufwachen. Das Leben ist hier, jetzt, es ist deines. Nimm es in die Hand, anstatt davonzulaufen.«

Sommer

25. Juni

Cara Mathilda,

unter dem Vorwand des Umzugs habe ich meinen Gemüsegarten dieses Jahr sträflich vernachlässigt. In Gedanken schon bei dem anderen Haus, habe ich achtlos ein paar Samenkörner hierhin und dorthin gestreut, gerade genug, um im Sommer etwas Salat zu haben. Da meine Lieblingsbeschäftigung also wegfällt, habe ich begonnen, morgens über die Felder zu streifen. Und dabei habe ich eine alte Leidenschaft von mir wiederentdeckt: meine Leidenschaft für Heilkräuter. Ich habe schon Kamille, Melisse, Hirtentäschel, Borretsch, Weißdornblüten und Lindenblüten gesammelt; bis zum Monatsende wird auch das Johanniskraut soweit sein.

Ich nehme nur wenig von jeder Pflanze – gerade genug für ein Jahr Hausapotheke –, binde kleine Sträuße und hänge sie zum Trocknen in den Geräteschuppen. Wenn sie vollständig getrocknet sind und nicht mehr in Gefahr zu schimmeln, verwahre ich sie in Gläschen und stelle sie an einen dunklen Ort, um sie vor zu starker Sonneneinstrahlung zu schützen.

In Rom wohnte ich fast zwanzig Jahre lang neben dem Besitzer eines Kräuterladens, Du hast ihn auch kennengelernt, erinnerst Du Dich? Er hat mich gelehrt, die verschiedenen Heilpflanzen zu unterscheiden. Er war sehr betrübt bei dem Gedanken, daß der große Wissensschatz der Kräuterheilkunde, der in den Klöstern jahrhundertelang zusammengetragen und gehütet worden war, allmählich in Vergessenheit geriet.

»Niemand hat Interesse daran, das Erbe der alten Mönche anzutreten«, sagte er immer zu mir. »Und so geht eine großartige Kultur verloren. Heutzutage haben es alle eilig, wer soll da noch Interesse haben, das Rezept für das Elixier für ein langes Leben zu retten?« Gerade in diesen Tagen dachte ich an seine Worte zurück, während ich über die Felder lief.

Die Entfernung des Menschen von der Natur war eines der auffälligsten Phänomene der zweiten Hälfte dieses Jahrhunderts. Binnen wenigen Jahrzehnten wurden die bäuerlichen Wurzeln unserer Gesellschaft durch den Massenzuzug in die Städte zerstört. Familien, die über Jahrhunderte mit einem bestimmten Wertesystem gelebt hatten, wurden plötzlich in eine neue Welt geschleudert, eine Welt aus Zement, wo man gezwungenermaßen auf engem Raum zusammenlebt, wo es keine Stille und viel zu viele Gegenstände gibt. Der Preis für diese Entfernung macht sich nun allmählich bemerkbar, als schleichende, gefährliche Beeinträchtigung des körperlichen Gleichgewichts.

Die Anzeichen für dieses gestörte Gleichgewicht sind nicht zu übersehen: jede Art von Allergien, immer seltsamere Krankheiten und Beschwerden, angesichts deren die Medizin nur Hypothesen aufstellen kann. Ganz zu schweigen von einer regelrechten Epidemie psychologischer Störungen: Ängste, Phobien, Depressionen, Zustände tiefster Teilnahmslosigkeit. Lauter Störungen, die eilig in einem Meer von Medikamenten ertränkt werden, ohne alle Rücksicht auf Magen und Leber: Wichtig ist nur, das Unwohlsein nicht mehr zu spüren.

Warum denkt niemand daran, daß viele dieser Krankheiten nur auftreten, um wie eine Alarmglocke ein Unbehagen, ein Kommunikationsproblem zwischen Körper und Seele anzuzeigen?

Man sucht weiterhin – immer atemloser und mit immer raffinierteren Untersuchungsmethoden – nach einer mechanischen oder chemischen Ursache des Leidens. Vor diesen Apparaten jedoch steht nicht mehr ein Mensch in seiner Gesamtheit, sondern ein aus verschiedenen Teilen zusammengesetzter Motor, dessen defekte Stelle – um jeden Preis – gefunden werden muß.

In diesem rationalistischen Wahn hat man ganz vergessen, daß der Kopf den Körper regiert. Bleibt aber der Kopf ohne inneren Halt sich selbst überlassen, wird er extrem anfällig: Die Emotionen verwüsten ihn und peitschen ihn auf wie der Sturm eine Wasserfläche. Wir können jeden verborgensten Winkel unseres Körpers untersuchen, durchleuchten und abtasten lassen, ohne eine zufriedenstellende Diagnose zu erhalten.

Und anstatt dann in uns selbst nach der Ursache des Unbehagens zu suchen, beginnen wir zu denken, wir seien Opfer von etwas Äußerem – etwas Dunklem und Geheimnisvollem –, das uns zusehends von den anderen isoliert und uns zwingt, uns immer mehr einzuigeln.

Aber vielleicht hätte der Arzt uns von Anfang an etwas anderes sagen müssen. Anstatt Untersuchungen anzuordnen und uns Blut abzuzapfen, hätte er vor allem fragen müssen: »Warum sind Ihre Augen so traurig? Was haben Sie auf dem Herzen? Wann haben Sie sich zum letztenmal auf eine Wiese gelegt und durch die Grashalme den Himmel betrachtet? Wann haben Sie den Wind in den Blättern gehört? Haben Sie je Dankbarkeit dafür empfunden, daß es Sie gibt und daß Sie an diesem außerordentlichen Abenteuer teilnehmen, das Leben heißt?«

2. Juli

Cara Mathilda,

die Dreschzeit hat begonnen, das wogende, goldfarbene Meer, das im letzten Monat meinen Blick erfreute, ist schon größtenteils verschwunden und hat Stoppelfeldern und Brandgefahr Platz gemacht. Abends esse ich draußen, während am Wiesenrand Glühwürmchen flimmern. Die Nachtigall ist mittlerweile verstummt, und anstelle ihrer schluchzenden Triller hört man nun das Zirpen der Grillen.

Genau um diese Jahreszeit, vor acht Jahren, teilte unsere gemeinsame Freundin Lucia mir mit, daß sie schwanger sei. Wir waren übers Wochenende ans Meer gefahren. Unterwegs hatte ich schon Verdacht geschöpft, als sie auf meinen Vorschlag, anzuhalten und ein Stück Pizza zu essen, nur gelassen antwortete: »Nein, danke, mir ist ein bißchen übel.« Das glich ihr gar nicht! Und am Abend, als wir nach dem Essen am Strand spazierengingen, hat sie mir dann anvertraut, daß sie in sieben Monaten ein Kind bekommen werde.

Zur Freude über diese Nachricht gesellte sich gleich

noch eine weitere: ihre Bitte, ich solle Patin werden. Das Kind kam gegen Ende des Winters auf die Welt und wurde im April in einer kleinen Kirche am Stadtrand von Rom getauft. Ich weiß noch, daß ich vor Aufregung die ganze Nacht davor nicht schlafen konnte und am Morgen sehr hohes Fieber bekam: Heftige Emotionen haben mir schon immer üble Streiche gespielt.

Vor einigen Tagen unterhielt ich mich mit einer Freundin darüber: nicht über Emotionen, sondern über die Verantwortung, die man als Patin trägt. Zu oft, sagte meine Freundin, wird die Bedeutung dieser Rolle unterschätzt, man betrachtet die Taufe als gesellschaftlichen Anlaß und meint, einmal aus der Kirche draußen, könne man auch das Gesicht des Kindes vergessen. Doch durch die Teilnahme am Sakrament der Taufe entsteht eine unauflösliche »Verwandtschaft« – zumindest sollte dem so sein. Man geht eine Verpflichtung ein, und dieser Verpflichtung, den Weg des Geistes zusammen zu gehen, darf man weder müde werden, noch kann man auf Unvereinbarkeit oder Scheidung plädieren.

Angesichts der besonderen Anfälligkeit der Familie, die unsere heutige Epoche kennzeichnet, können Patin oder Pate zu außerordentlich wichtigen Figuren werden, die Halt, Kontinuität und Hoffnung geben können in Augenblicken, in denen alles, auch alle Werte, durcheinandergerät. Doch wenn Du Dich umsiehst, merkst Du, daß die meisten Kinder vom Spirituellen her gesehen ganz sich selbst überlassen aufwachsen.

Damit sie frei über ihre Zeit verfügen können, lernen

sie, mit dem Computer umzugehen, und dann Englisch, »denn wenn du kein Englisch kannst, hast du keine Zukunft«, und dann Tennis oder klassischen Tanz oder Schwimmen: kurz und gut, ihre Tage füllen sich mit unendlich vielen Dingen, da die Erwachsenen überzeugt sind, erst diese Dinge machten sie zu vollständigen Menschen und befähigten sie, das Dasein als Gewinner zu bestehen. So viele praktische Aktivitäten und nichts für das Seelenleben. Man schickt die Kinder zur Kommunion, gewiß, aber in den meisten Fällen nur, weil es alle so machen: Wenn die Familie nicht gläubig ist und nicht nach den christlichen Werten lebt, kann sie dieses Ereignis kaum in seiner tiefen Bedeutung würdigen.

So werden superinformierte Kinder herangezogen: Mit sieben, acht Jahren wissen sie schon alles, benutzen den richtigen Fachjargon und reden altklug daher wie kleine Erwachsene, bedienen Computer und Videogames mit der gleichen Selbstverständlichkeit, mit der wir als Kinder mit Murmeln spielten; ohne mit der Wimper zu zucken, sehen sie sich Horrorfilme an, die mir viele schlaflose Nächte bereiten würden. Nichts erstaunt sie, nichts erschreckt sie, und nichts wundert sie, sie thronen mitten im Chaos unserer Tage mit der distanzierten Gleichmütigkeit kleiner Bonzen.

Dieses Bild vermitteln sie. Aber ist das Bild auch Wirklichkeit? Oder handelt es sich um eine Schutzmaske zu unserer Beruhigung, damit wir keine Schuldgefühle bekommen? Jedesmal, wenn sich mir die Möglichkeit bot, diesen äußeren Lack ein wenig anzukratzen, sah es darunter ganz anders aus. Ich sah nicht Gleichmütigkeit, sondern größte Angst. Und hinter der Angst Langeweile, Depression, die Vorstellung, daß das Leben keinen Sinn habe. Und außerdem große Verletzlichkeit und emotionale Unreife.

Mag da die harte Schale nicht einfach ein Hilfsmittel sein, um sich auf den Beinen zu halten, um zu überleben in einer Welt, die, für die meisten, keinerlei Bezugspunkte mehr bietet? Denn in Wirklichkeit hängt das Gelingen ja nicht von einer Unzahl angelernter Kenntnisse ab, sondern davon, ob man sich einige grundlegende Wahrheiten zu eigen gemacht hat.

Wer sind wir? Warum leben wir? Was verbirgt sich hinter dem äußeren Schein? Welchen Sinn hat das Böse? Welchen Sinn hat der Tod? Was ist die Rettung? Woher kommt sie? Fragen, auf die kein Computer, kein Videogame, kein Sprachkurs je wird Antwort geben können.

9. Juli

Cara Mathilda,

in einer Woche fahre ich mit meiner kleinen Nichte in die Ferien. Letztes Jahr waren wir am Meer, dieses Jahr wollen wir ins Gebirge. Da wir so weit auseinander wohnen, ist es die einzige Zeit, die wir zusammen verbringen können. Gewöhnlich sind es sehr intensive Wochen: Alle sechs Monate sehe ich, wie sie größer wird, wie ihre Neugier wächst, ihre Entdeckungslust.

Sie besitzt ein heiteres Naturell, ohne Mißtrauen und

Ängste. Ich erinnere mich noch an eine Begebenheit im Selbstbedienungsrestaurant der römischen Stazione Termini, als sie zwei Jahre alt war. Während ihre Mutter und ich mit den Tabletts in der Hand nach einem freien Platz suchten, lief sie auf eigene Faust zwischen den Tischen umher. Natürlich behielten wir sie im Auge und sahen zu unserem großen Erstaunen, wie sie sich auf eine Bank in der Nähe setzte und seelenruhig ein Gespräch mit einem alten Penner anfing. Wir hörten nicht die Worte, sahen aber den Gesichtsausdruck der beiden: Sie erklärte ihm lebhaft gestikulierend viele wichtige Dinge, und er hörte ihr lächelnd zu.

Für sie war dieser Mann, der in vielen Erwachsenen Furcht oder zumindest Widerwillen ausgelöst hätte, ein Mensch wie jeder andere, ja sogar interessanter und würdiger als die anderen, da er sie so neugierig gemacht hatte, daß sie uns stehenließ, um sich zu ihm zu setzen.

Wenn ich an das große Geschenk der Kindheit denke – das Geschenk der Unschuld –, fällt mir immer diese Episode ein, denn Unschuld bedeutet ja nicht, wie man uns oft glauben machen will, nichts von den heiklen Dingen des Lebens zu wissen, sondern die Fähigkeit, sich den anderen ohne Vorurteil zu nähern. Zu beobachten, aber nicht zu verurteilen, mit einem Blick, der den tiefen Reichtum der Liebe in sich trägt.

Hätten wir die Kleine an jenem Tag laut zurückgerufen oder wäre die Mutter hingegangen, um sie eigenhändig aus der Situation herauszuholen, hätte es in ihrer Gefühlswelt sicherlich einen Bruch gegeben; ohne verstehen zu können, warum, hätte sie plötzlich wahrgenommen, daß es ihre Mama ängstigte und also nicht recht war, wenn sie dort neben dem bärtigen langhaarigen Herrn mit den vielen Plastiktüten saß. So wäre in ihr unwillkürlich Mißtrauen und Beunruhigung entstanden.

Bedeutet das etwa nicht, die Kleinen zu erschrecken? In dem Augenblick, in dem man eine Grenze zieht oder eine Einteilung vornimmt, bereitet man den Weg für eine schier endlose Anzahl von Grenzen und Einteilungen, Urteilen und Entfernungen, weil die menschliche Psyche schon rein physiologisch beim geringsten Anlaß dazu neigt, Strukturen, und sei es durch Vorurteile, zu schaffen.

Versteh mich nicht falsch, es ist richtig und notwendig, an einem bestimmten Punkt des Erziehungsprozesses die Mittel an die Hand zu geben, um gefährliche Situationen zu erkennen. Die Gesellschaft ist sehr grausam und skrupellos gegenüber kleinen Kindern, deshalb muß man ihnen die Fähigkeit beibringen, zu unterscheiden und sich zu schützen vor denen, die ihre Naivität mißbrauchen wollen.

Aber es ist ein großer Unterschied, ob man ein Kind auf Gefahren aufmerksam macht oder ob man es erschreckt, es also zu einem verantwortungsbewußten oder zu einem ängstlichen Menschen erzieht. Aus Furcht erwächst nur noch mehr Furcht, aus Verantwortung läßt sich ein Leben aufbauen, in dem Gerechtigkeit waltet.

Wenn ich nach einem Bild für die Unschuld suche, die wir am Anfang unseres Lebens in uns bewahrten, so sehe ich einen Gebirgssee, einen runden, tiefblauen Wasserspiegel. Im Lauf der Jahreszeiten verändert sich sein Zustand: Auf den Wasserreichtum im Frühling folgt die stille Unbeweglichkeit des Sommers, und die Trübung der Oberfläche im Herbst kündigt schon das Eis des Winters an.

Wie viele Verletzungen sie auch erlitten hat, die Unschuld ist immer noch in uns vorhanden und erinnert uns an unseren ursprünglichen Zustand, als es weder mein noch dein gab, weder richtig noch falsch, sondern nur liebevolle, herzliche Anteilnahme. Es mag sein, daß die Jahre und die Bitterkeiten sie unter einer dicken Eisschicht begraben haben, vielleicht ist sie unter so viel Angst verschüttet, daß wir glauben, sie sei nicht mehr da. Doch dem ist nicht so, sie kann jederzeit mit der gleichen klaren Frische wie am Anfang wieder hervorsprudeln.

»Wenn ihr nicht werdet wie die Kinder«, hat Jesus gesagt, »kommt ihr nicht ins Himmelreich.« Ist das nicht vielleicht das Geheimnis echten Wachstums? Den Ballast abzuwerfen, Erde und Schlamm wegzuräumen, das Eis zu brechen, damit der See wieder atmen kann und innerhalb seiner winzigen Ufer die unendliche Weite des Himmels spiegelt.

16. Juli

Cara Mathilda,

gestern haben wir einen langen Spaziergang über die Weiden gemacht, die Luft war prickelnd und duftete nach frischgemähtem Gras. Plötzlich warf sich meine Nichte auf die Wiese und begann, den Boden zu küssen. »Was machst du da?« habe ich sie neugierig gefragt. »Ich gebe den Ameisen Küßchen«, antwortete sie. Wo wir Erwachsenen Ökosysteme und Überlebenskampf sehen, sehen die Kinder – unbeleckt von der Idee der menschlichen Überlegenheit – nur ein Universum gegenseitiger Aufmerksamkeit, das sie begeistert.

Ich war genauso als Kind: Zu den Bäumen hinzulaufen, sie zu streicheln, an einer Blume zu riechen, fand ich aufregend und spannend. Und das ist noch heute so. Die große Schönheit der Natur spiegelt für mich die Wahrheit, aus der sie erschaffen wurde. Sie ohne dieses Gefühl zu betrachten ist, wie wenn man in eine Sackgasse gerät.

Die Tiere leben immer gleich: Sie werden geboren, wachsen, fressen, paaren sich, verteidigen ihr Revier, ziehen ihre Jungen auf und sterben, doch wenn man diesen zyklischen Ablauf ohne die Fähigkeit betrachtet, das große Geheimnis zu erahnen, das sich dahinter verbirgt, läuft man Gefahr, einer vereinfachenden, einengenden Sichtweise zu erliegen.

Kurz bevor ich in die Ferien gefahren bin, habe ich mit einer Freundin, der Mutter eines fünfjährigen Kindes, eine Diskussion über dieses Thema gehabt. Ich war zum Kaffee vorbeigekommen, der Kleine saß vor dem Fernseher und verfolgte gebannt eine Szene, die ein paar junge Löwen beim Fressen zeigte. »Das«, sagte meine Freundin, »sind die einzigen Programme, die ich ihn sehen lasse: Daraus kann er viel lernen!« Mich schauderte. »Lernen, inwiefern?« fragte ich beunruhigt. »Weil sie zeigen, wie es in der Welt läuft. Die Kinder müssen wissen, daß die Natur ihre Gesetze hat und es im Leben nicht zugeht wie im Märchen.«

Bevor ich vom Ertrag meiner Bücher leben konnte, habe ich jahrelang im Bereich der Natur-Dokumentarfilme gearbeitet. Daß ich aufgehört habe – was ich kein bißchen bedauere –, lag auch daran: Wenn ich keine blutigen Zerfleischungsszenen einfügte, weil sie nicht in den Zusammenhang paßten, wurde die Arbeit nicht für quotenträchtig befunden. Natürlich war das nicht immer so: Früher zeigte man die Löwin auf Antilopenjagd und dann noch kurz beim Ende ihrer Mahlzeit. Jetzt dagegen hat sich auch der populäre Dokumentarfilm der Vulgarität der Zeiten angepaßt, und Gewaltszenen stehen im Mittelpunkt der Erzählung.

Deshalb empfinde ich Bestürzung, wenn eine Mutter zu mir sagt: »Naturfilme lasse ich meine Kinder unbeschränkt ansehen.« Bestürzung, warum? könnten viele fragen. Im Grunde genommen zeigen sie doch nur die Gesetze, die in der Natur herrschen. Tja, aber was zeigen sie von diesen Gesetzen, und vor allem, wie? »Meinen Sohn«, betonte meine Freundin, während ich mit ihr zu diskutieren versuchte, »beunruhigen solche Szenen überhaupt nicht, er findet sie normal.« Und ist nicht genau das schrecklich? Daß Gewalt und Übergriffe Normalität sind? Zu den Bildern kommen dann noch die Texte, die meistens von strengstem Darwinismus geprägt sind. »Das Junge ist allein und wehrlos... Schon fällt der Schatten des Raubtiers über es... In der Savanne ist kein Platz für die Schwachen...«, und so weiter, in diesem Ton. Welche Botschaft bleibt den Kindern nach zehn, zwanzig, vierzig solchen Dokumentarfilmen? Die, daß das Leben ein ständiger Kampf um die Vorherrschaft ist: Wer stark ist, überlebt, wer schwach, krank oder weniger intelligent ist, geht unter.

Kurz und gut, in der Tierwelt wird ständig getötet, nicht anders als bei den Menschen: Bei uns benutzt man Maschinengewehre und Handgranaten, die Tiere benutzen ihre Klauen und Zähne. Wichtig ist, zu zerfleischen, bevor man selbst zerfleischt wird. Doch wer die Möglichkeit hatte, ein Tier aus der Nähe in seinem einfachen, freudigen Dasein zu beobachten, weiß, daß dem nicht so ist. Der Augenblick, in dem Blut fließt, ist ein winziger, notwendiger Teil seines Lebens, nicht der Mittelpunkt, um den sich alles andere dreht.

Ihn als zentrales Moment darzustellen heißt, eine grundsätzlich negative Botschaft zu vermitteln und etwas so Außerordentliches wie das Leben der Tiere in eine Art Krimi zu verwandeln, in dem die Leichen mehr Quote bringen als die menschliche und psychologische Ausstrahlung der Charaktere. Keine Erziehung zum Leben also, sondern eine Erziehung *gegen* das Leben.

Warum sagt ihnen niemand, daß der Darwinismus – mit seinem Gesetz, daß im Kampf ums Dasein derjenige am ehesten überlebt, der sich am besten anpaßt – ein Modell, die Natur zu verstehen, ist, das sich der Mensch ausgedacht hat, und nicht die absolute Wahrheit über die Natur? Warum sagt ihnen niemand, daß die Gesetze der Natur noch größte Geheimnisse in sich bergen, wie zum Beispiel das unergründliche und unbezahlbare Geheimnis der Schönheit?

23. Juli

Cara Mathilda,

seit einigen Tagen beherberge ich einen neuen vierbeinigen Gast. Erinnerst Du Dich an meine Vorbehalte dagegen, ein Pferd zu besitzen? Nun, ein einfacher Blick hat sie weggefegt. »Es gäbe da eine Stute, die eine Weile untergebracht werden müßte«, sagte vor einiger Zeit ein Freund zu mir. »Hättest du Lust, sie mal anzuschauen?« Anschauen kann ich sie mir ja, habe ich gedacht und bin ihm gefolgt.

Als wir über die Wiesen auf die Koppel zugingen, sagte ich meinem Freund immer wieder, daß ich noch nie viel für Pferde übrig hatte, daß mir ein Esel lieber gewesen wäre, bis dann hinter einem Brombeergestrüpp weiße, weiche Nüstern, eine neugierige Schnauze auftauchte. Als ich diese Nüstern, diesen Blick sah, war mein Mißtrauen wie weggeblasen. Also ist Diana – so heißt meine Stute – umgezogen und lebt jetzt auf dem Rasen vor dem Haus.

Davon, sie zu reiten, kann im Augenblick keine Rede sein; wir müssen uns erst kennen- und einander vertrauen lernen. Jeden Morgen gehe ich zu ihrem Gehege und rufe sie mit einem Pfiff. Wenn sie langsam angetrottet kommt, gebe ich ihr eine Karotte und ein wenig Hafer. Gerade heute morgen, als ich auf sie wartete, ist mir die Begegnung zwischen dem Fuchs und dem kleinen Prinzen wieder eingefallen. Erinnerst Du Dich noch, wie der Fuchs ihm beibringt, ihn zu zähmen? Du mußt jeden Tag um die gleiche Zeit wiederkommen, erklärt er ihm, dich still ins Gras setzen und dich anschauen lassen. Jeden Tag kannst du dich ein bißchen näher setzen, so lerne ich, dir zu vertrauen und keine Angst vor dir zu haben. Ich werde sogar sehnsüchtig auf dein Kommen warten, und zum Schluß werde ich glücklich sein, wenn ich dich sehe. So wirst du für mich der einzige auf der Welt, und ich werde für dich der einzige auf der Welt. »Man kennt«, schließt der Fuchs, »nur die Dinge, die man zähmt.«

Diesen Teil des Buches von Saint-Exupéry liebe ich sehr, weil er eine große, vergessene Wahrheit enthält. Wir leben in der Epoche der Beschleunigung und Hast, in einer Wegwerfgesellschaft, in der nicht mehr gezähmt wird. Hat man etwas satt, ersetzt man es, auch wenn es noch brauchbar ist, durch etwas Neues. Wenn eine Beziehung langweilig wird, »wirft« man den Menschen »weg«.

Kürzlich sprach ich zufällig mit mehreren Lehrerinnen, einige arbeiten in der Grundschule, andere in der Hauptschule, aber alle sind sich einig, daß die Situation von Jahr zu Jahr schlimmer wird. »Inwiefern schlimmer?« habe ich gefragt. »Schlimmer, was die Konzentrationsfähigkeit betrifft.« Mit zu vielen Reizen bombardiert, sind die Kinder nicht mehr in der Lage, für irgend etwas Aufmerksamkeit aufzubringen. Sie fragen etwas und hören nicht auf die Antwort, sind in Gedanken schon wieder woanders. Sie sind wie Schmetterlinge in einem Gewächshaus mit zu vielen Blumen, vor lauter Herumflattern von einem Blütenkelch zum anderen werden sie wie trunken und stürzen zu Boden.

Seit mehreren Jahren mache ich Yoga und Meditation und weiß, wie hinderlich Denken – das ständige, störende

Geplapper im Kopf – für geistige Versenkung und emotionale Stabilität sein kann, denn es will ständig abschweifen. Dank meiner Übungen weiß ich allerdings auch, daß man sich erziehen kann – ja erziehen muß –, weil ohne gedankliche Disziplin nie ein freier Mensch aus einem werden kann.

Man müßte in den Schulen Unterricht in Stille, Unterricht in aktiver Bewegungslosigkeit, Unterricht im Zuhören einführen. Man müßte unterrichten, der Stille und dem anderen zu lauschen. Kurz, man müßte emotionale Intelligenz und ein harmonisches Seelenleben fördern. Statt dessen werden die Lehrpläne leider mit neuen Fächern vollgestopft: mehr Sprachen, mehr Computer, mehr Technologien. Sogar das Schulalter wird herabgesetzt in der Überzeugung, dies bedeute, »mit der Zeit Schritt zu halten«. Man bekommt den Eindruck, das Kind werde ein bißchen wie ein Kühlschrank behandelt, der bis zur Grenze seines Fassungsvermögens vollgestopft werden muß – bevor man es dann seiner Wege gehen läßt und der kulturellen Leere des Erwachsenenalters aussetzt.

Doch die Herausforderung besteht nicht darin, das Schulwissen zu erweitern, sondern darin, dem Kind innere Stabilität zu vermitteln, Werte wie Geduld und Warten. Denn wenn es stimmt, wie der Fuchs des Kleinen Prinzen sagt, daß man nur das kennt, was man zähmt, dann ist das erste, was man zähmen muß – das wildeste – gerade unser Denken.

30. Juli

Cara Mathilda,

nun sind wir mitten im Hochsommer, mit allem, was dazugehört: Wer noch nicht weggefahren ist, bereitet sich in diesen Tagen auf die Abreise vor. In der Dämmerung wandere ich mit dem Hund den Hügel hinauf. Von dort oben sieht man die Autobahn, und ich bleibe stehen und betrachte lange die leuchtende Schlange von Autos, die dem Urlaub entgegenrollen. Tagsüber ist es sehr heiß, aber mein altes, nicht unterkellertes Haus mit seinen dicken Tuffsteinmauern bleibt glücklicherweise auch im Sommer kühl.

Ich habe mit den Umzugsvorbereitungen begonnen: Die großen Kartons sind eingetroffen und stehen ineinandergeschachtelt im Gästezimmer und warten darauf, gepackt zu werden. Der Hund beschnuppert sie leicht beunruhigt, während die Katzen, weniger störanfällig, sie als vorübergehenden Unterschlupf für ihr Mittagsschläfchen benutzen. Seit einigen Monaten necken mich die Freunde am Telefon liebenswürdig: »Na«, sagen sie, »hast du schon mit den Befreiungsfeuern begonnen?«

Schon seit Jahren ist mir klar, daß sich die Menschen, in bezug auf Wohnungen in zwei Kategorien einteilen lassen: die Gefühlsbetonten, die jedes Ambiente in kürzester Zeit tendenziell in ein Kramlager verwandeln, und die Aseptiker, deren Zimmer immer perfekt aufgeräumt sind, wie in einem schwedischen Möbelkatalog. Es braucht nicht gesagt zu werden, daß ich zu ersteren gehöre.

Jemand, der schreibt, lebt besonders stark in der Erinnerung; und die Erinnerung neigt leider dazu, sich an Gegenstände zu hängen. Wie kann ich diesen getrockneten Blumenstrauß wegwerfen, der ein Andenken an die Hochzeit einer lieben Freundin ist? Und den Stoß Zeichnungen meiner kleinen Nichte? Und die Tonnen von Briefen und Postkarten, die alle Schubladen verstopfen? Und die Briefmarkensammlung, die Käfersammlung, die Herbarien, die ich in all diesen Jahren so gewissenhaft angelegt habe? Und den Pullover, den Großmutter mir gestrickt hat, als ich in die fünfte Klasse ging?

So verbringe ich meine Tage damit, unschlüssig endlos viele Sachen zu betrachten; ab und zu mache ich eine Wegwerfliste, aber dann bereue ich es und stoße sie wieder um; von zehn aussortierten Sachen will ich acht doch lieber behalten, und alles beginnt von vorn. »Allein schaffst du das nie«, hat eine Nachbarin mich gewarnt. »Du mußt jemanden holen, der unvorbelastet ist und drastische Entscheidungen fällen kann. Du kannst doch nicht weiter unter einem Berg von Plunder begraben leben.«

Während ich ihr zuhöre, nicke ich beinahe überzeugt, aber dann sehe ich mich in der Eiseskälte eines Hauses sitzen, das so steril ist wie das Wartezimmer eines Zahnarztes, und begreife, daß ihr Vorschlag der reine Wahnsinn ist. Wie kann man seine Vergangenheit wegwerfen und plötzlich so tun, als wäre man nicht mehr der, der man immer gewesen ist? Manche behaupten, der Umzug sei der geeignete Augenblick, um mein Verhalten grundlegend zu ändern und mich endlich in das zu verwandeln, was ich anscheinend bin: eine weltbekannte, vierzigjährige Schriftstellerin. Dazu bräuchte es das richtige Haus mit den richtigen Möbeln, ein Wohnzimmer mit großem Bücherregal, schöne Teppiche, ein Eßzimmer mit wertvollen Gemälden an den Wänden. Kurz, ein Haus, in dem man die richtigen Leute empfangen und auf angemessene Weise seine Rolle spielen kann.

Dummerweise bin ich jedoch absolut allergisch gegen alles, was materiellen Wert besitzt: Mich interessieren weder antike noch Designermöbel, ich liebe unechte Teppiche, weil sie mit Maschinen und nicht in Sklavenarbeit von Kindern in Indien hergestellt werden, und den Bildern berühmter Künstler ziehe ich die Zeichnungen vor, die von mir und meinen Freunden stammen.

Vor etwa einem Jahr hatte eine bekannte Architekturzeitschrift mir vorgeschlagen, eine Fotoserie über mein Bauernhaus zu machen. »Tut mir leid«, habe ich geantwortet, »aber ich glaube, mein Haus wäre für euch, und vor allem für eure Leser, die reinste Enttäuschung: Es gibt keinerlei Statussymbole, nur Sperrholz- und Kunststoffmöbel, einfache Fliesenböden und überall jede Menge staubige Unordnung.«

Im neuen Haus wird es – schon weil es neu ist – sicher besser gehen: Es ist mehr Platz und daher möglich, mehr Schränke und Kommoden aufzustellen, um die ausufernde Masse von Erinnerungsgegenständen zu verstauen, an denen mein Herz hängt. Aber die Einfachheit wird gleich bleiben, es wird *mein* Haus sein und nicht das Haus der Persönlichkeit, die ich nach Ansicht aller anderen darstellen müßte.

Bald werden die Katzen wieder im Haus herumstolzieren, und der Hund wird mit schlammverschmierten Pfoten ins Wohnzimmer stürmen, es wird weiterhin Plastiktischdecken und das Nutella-Gläser-Service geben. Eifersüchtig werde ich wie immer die zerlöcherten Söckchen und abgetragenen T-Shirts aufbewahren, denn, wer weiß, eines Tages könnte ich sie noch brauchen, um ein Kissen auszustopfen...

6. August

Cara Mathilda,

das Gras ist von der Hitze ganz verdorrt, das schöne Grün der vergangenen Monate hat sich in verbranntes Gelb verwandelt, das einer Savanne Ehre machte. Alle Tiere, abgesehen von den Zikaden, schweigen, Hund und Katzen verziehen sich in schattige Winkel und werden erst gegen Abend wieder munter. Ich verbringe den August gern auf dem Land, mir macht Hitze nichts aus, und ich liebe das Gefühl von Stillstand, das dieser Monat mit sich bringt. Im August flaut der hektische Alltagsrhythmus ab, man bewegt sich wenig, und auch rundherum ist wenig Bewegung. In dieser plötzlichen Veränderung von Zeit und Raum wandelt sich auch der Blick, nimmt feiner und aufmerksamer die Zeichen einer anderen Wirklichkeit wahr, fern von der Borniertheit des materiellen Lebens.

Als ich noch in der Stadt wohnte und keine Möglichkeit hatte, in die Ferien zu fahren, widmete ich mich in dieser Zeit meiner eigenen Stadt: Früh am Morgen verließ ich das Haus und erforschte abgelegene Stadtviertel, immer fand ich eine Kirche, eine Katakombe, eine Ruine, die ich noch nie gesehen hatte. In den Kirchenschiffen war die Luft kühl, und es herrschte ein Schwebezustand, der mich ein bißchen an den jüdischen Sabbat erinnerte.

Doch seit ich auf dem Land lebe, verläuft der August etwas anders, ich verbringe ihn nicht mehr in eremitischer Einsamkeit, umgeben von Asphalt, sondern habe immer viel Gesellschaft. Auf alleinstehende Menschen wirkt die Ferienzeit psychologisch ja häufig ebenso bedrückend wie die Weihnachtszeit. Die Familien fahren an die gewohnten Urlaubsorte, und wer nicht an dieser Völkerwanderung teilnimmt, fühlt sich leicht ausgeschlossen und niedergeschlagen. Deshalb wird mein Haus zu einem kleinen Hafen, und ich bin glücklich darüber.

Eine meiner ältesten Freundinnen – sie ist über neunzig – sagt immer zu mir: »So jemanden wie dich habe ich noch nie getroffen, du hast keinen Mann, du hast keine Kinder, und doch besitzt du einen so ausgeprägten Familiensinn, du kümmerst dich um alle Menschen in deinem Umkreis, als wären es nahe Verwandte.« Das stimmt, ich habe einen sehr starken Familiensinn, der tief in mir verwurzelt ist. Du hast es ja selbst erlebt. Erinnerst Du Dich? Kurz nachdem wir uns kennengelernt hatten, fing ich gleich an, Dich »mein Schwesterchen« zu nennen. Schwestern, Nichten, Onkel und Tanten, Cousins und Cousinen, alle Freunde werden sofort liebevoll in eine fiktive Verwandtschaft eingebunden. Dir machte das großen Spaß. »Man kommt sich wirklich vor wie in Afrika«, sagtest Du, »wo alle mit allen irgendwie verwandt sind.« Genau so ist es; wenn jemand in meinen affektiven Kosmos eintritt, ist es sehr schwierig, daß er ihn wieder verläßt.

Jetzt bin ich sehr glücklich mit meiner großen spirituellen »Familie«, aber als ich um die Dreißig war, gab es eine Zeit, in der ich sehr unter dem Fehlen einer echten Familie gelitten habe. Du warst damals gerade mit Deiner ersten Tochter schwanger. Alle meine Freundinnen waren schon verheiratet, hatten schon Kinder oder waren kurz davor, welche zu bekommen. Ich ging mit ihnen Strampelhosen kaufen, beriet sie bei der Wahl des Namens oder der Farbe des Gitterbettchens, und dabei fühlte ich mich wie ein verdorrter Baum, dem es bestimmt war, vom Antlitz der Erde zu verschwinden, ohne Früchte zu tragen.

Jeden Morgen stand ich auf und fragte mich: Was stimmt nicht mit mir? Warum gelingt es mir nicht, etwas aufzubauen? Ständig war ich von tiefer Unruhe erfüllt, der ich keinen Namen zu geben wußte, ich ahnte nur, daß sie diese Leere um mich herum schuf. Ich schlief von fünf Nächten eine, wanderte jeden Tag Dutzende von Kilometern allein durch die Gegend, die Gedanken fraßen mich buchstäblich auf, ich hatte kein Raum- und kein Zeitgefühl mehr. Wer konnte so verrückt sein, mit einer derartigen Person eine Familie zu gründen? Ich wußte noch nicht, daß hinter diesem ganzen Unbehagen die Kreativität nistete, die einige Jahre später dann zum Ausbruch kam. Jetzt lästern meine Freundinnen: »Wir haben Kinder ausgetragen und du Bücher.«

Allmählich habe ich mich an dieses Schicksal der Einsamkeit gewöhnt und empfinde es nicht mehr als Entbehrung, sondern als notwendigen Verzicht, um meine Begabung bestmöglich umzusetzen. Natürlich war da immer noch die Öde des Alleinlebens, aber das hat sich an dem Tag geändert, an dem ich durch einen Zufall begann, das Haus auf dem Land mit einer Freundin zu teilen. Nun leben wir schon acht Jahre zusammen, und die Freunde nennen uns liebevoll »Mutter Äbtissin und Schwester Gärtnerin«. Und im Grunde genommen haben sie gar nicht so unrecht, denn unser Leben ähnelt durchaus dem Klosterleben: die Gartenarbeit, die Stunden des Alleinseins in unseren Zimmern, die Abgeschiedenheit, die Aufnahme von Menschen, die Ruhe zum Nachdenken brauchen.

Wenn er zur Zuneigung fähig ist, kann jeder von uns für andere dasein und es so vermeiden, daß er sich durch das unfruchtbare immer gleiche Alleinsein verhärtet. Es gibt nicht Schicksale erster Klasse und Schicksale zweiter Klasse. Sowohl die Ehe als auch das Alleinleben bieten gleich große Chancen, um auf dem eigenen Weg Gemeinsamkeit und Offenheit mit anderen zu teilen.

13. August

Cara Mathilda,

vor einiger Zeit war ich auf dem Geburtstagsfest einer Freundin in der Pizzeria unten im Haus. Zu den anwesenden Gästen gehörten auch einige Mädchen, die ich nicht kannte. Am nächsten Tag rief das Geburtstagskind mich an: »Meine Freundinnen waren sehr beeindruckt.« – »Beeindruckt, wovon?« habe ich gefragt. – »Davon, daß wir den ganzen Abend von Anfang bis Ende gelacht haben. Da sie wußten, daß du kommst, hatten sie sich einen eher stillen, wenn nicht düsteren Abend erwartet ...«

So etwas höre ich nicht zum erstenmal: Wer mich nicht

persönlich kennt, hält mich oft für verschlossen, neurotisch und unduldsam. Ich frage mich schon lange, wie dieses Mißverständnis entstanden sein mag. Wer weiß, vielleicht weil Reserviertheit leicht mit Misanthropie, ein ernster Charakter mit Düsterkeit verwechselt wird und bescheidenes Auftreten den Eindruck erwecken kann, man geize mit sich selbst. Oder vielleicht, weil ich mein öffentliches Bild ganz klar vom privaten trenne, und das entspricht nicht den Spielregeln.

Du weißt ja, wie schwierig die Jahre des unerwarteten Erfolgs für mich waren: Plötzlich fühlte ich mich wie eine Seiltänzerin, die über einem Abgrund balanciert – bei der geringsten Unaufmerksamkeit hätte ich ins Leere stürzen können. Mit Leere meine ich den lauten Rummel der Äußerlichkeit, das Wortgeklingel, die Eitelkeit, die Selbstbeweihräucherung: Alle rufen dich, alle wollen dich, und dadurch fühlst du dich außerordentlich wichtig; von deinem Podest aus denkst du vielleicht sogar, daß es schön ist, dort zu stehen und alle von oben herab zu betrachten; eines Tages stürzen sie dich dann möglicherweise um, aber das macht nichts, einstweilen stehst du da, wirst fotografiert, interviewt, und das genügt, um deine Leere zu füllen und deinen Durst nach Ruhm zu stillen.

Nun ist die Gefahr vorbei, und ich kann Dir mit absoluter Gewißheit sagen, daß der Erfolg wirklich die bedrohlichste und bösartigste aller Versuchungen war, denen ich je auf meinem Weg begegnet bin. Denn wenn der Erfolg als Wahrheit des eigenen Lebens aufgefaßt wird, bietet er lauter scheinbar positive und scheinbar harmlose Dinge:

Bekanntheit, Umgang mit anderen »Erwählten«, Schmeicheleien, Geld usw. Aber er ist ein Käfig, nicht Realität. Zum Glück habe ich das gleich gemerkt und mich nicht umgarnen lassen.

Die wahren Schwierigkeiten erwuchsen aus dem Umstand, auf einmal eine öffentliche Persönlichkeit zu sein, mit aller Verantwortung, die das mit sich bringt. Eines war mir bei dieser Neuordnung meines Lebens jedoch immer klar, ich mußte mir selbst treu bleiben und meine Kreativität schützen. »Empfinden Sie keine Verantwortung für den Markt?« wurde ich oft von Journalisten gefragt. Über diese Frage mußte ich immer lächeln. Wie naiv und modern sie ist! Da das Gewissen inzwischen an allen Fronten abgedankt hat, wird der Markt zum Bezugspunkt.

Die einzige Verantwortung, die ich anerkenne, ist die gegenüber meinem Gewissen. Durch einen unerforschlichen Plan wurde mir die Begabung geschenkt, mit einer großen Anzahl von Menschen zu kommunizieren. Und diese Begabung hat zwei Seiten: Eine ist leicht und licht und drückt Freude aus, während die andere, nach innen gewandte, dunkler und belastender ist und, wenn sie spricht, den Schmerz ausdrückt. Die Freude erwächst aus der Anteilnahme und dem Verbindenden, das Leiden aus dem langen Weg, den die Wörter zurücklegen müssen, um sich im Licht der Konsequenz und der Wahrheit mit den Gefühlen zu vereinen. Für diesen Weg braucht man lange Phasen der Einsamkeit, der Meditation, die grausame Fähigkeit, sich ständig selbst in Frage zu stellen, ohne irgendwelche Ausflüchte gelten zu lassen.

Hätte ich das Leiden und die innere Suche, die seit jeher Teil meines Wesens sind, aufgegeben und gedacht, daß Phantasie und eine Handvoll Wörter im Grunde genommen für das Schreiben genügen, hätte ich meinen Lesern nicht viel mehr geboten als ein glitzerndes, leeres Bonbonpapier. Anstatt gemeinsam auf den Pfaden des Lebens zu wandern, wären wir fröhlich vor der buntbemalten Kulisse eines Filmstudios entlangmarschiert. Wäre das angenehmer gewesen? Wahrscheinlich ja. Aber es wäre weniger authentisch. Bei Schließung des Studios hätten wir gemerkt, daß die schöne Landschaft, die an unseren Augen vorüberzog, nur eine wunderbare Illusion war. Am Ende des Films wäre alles wieder vorbei.

Geschieht das nicht auch in vielen Existenzen? Der Schmerz ist wie ein Dietrich, mit dem man den trügerischen Frieden des Scheins sprengen kann. Und meine Arbeit besteht darin, den Dietrich zu benutzen, um das, was nicht wahr ist, aufzubrechen, und nicht darin, hierhin und dorthin zu laufen, um eine von anderen erfundene Rolle zu spielen.

20. August

Cara Mathilda,

letzte Woche mußte ich unerwartet einen Ausflug in die Stadt unternehmen. Schon seit einiger Zeit machte der Drucker meines Computers Zicken; ich dachte, es läge an der Tinte, und tauschte die Kartusche aus, aber die Lage besserte sich nicht, im Gegenteil; daraufhin habe ich ihm einige Tage Urlaub gegönnt; schließlich, habe ich gedacht, ist August, und vielleicht will der Drucker mir zu verstehen geben, daß er sich eine Ruhepause verdient hat. Ich gestehe gerne auch den technischen Geräten eine Art Persönlichkeit zu, behandle sie zuvorkommend und halte ihre kleinen Launen für ganz natürlich.

Doch meine Freundlichkeit hat nichts genützt: Als ich wieder zu arbeiten anfing, gab der Drucker kein Lebenszeichen mehr von sich. Also habe ich ihn in eine Tasche gepackt, habe den Zug genommen und ihn ins Geschäft gebracht, um ihn verarzten zu lassen. Nachdem er sich die Symptome angehört hatte, schüttelte der Techniker den Kopf: »Der ist hinüber«, erklärte er, »da ist nichts mehr zu machen.« – Etwas verärgert habe ich gefragt: »Hinüber? Wie meinen Sie das? Er ist doch erst vier Jahre alt.« – »Für Computer«, hat der Techniker geantwortet, »sind vier Jahre eine Ewigkeit.«

Weißt Du, was die Moral der Geschichte ist? Daß ich außer dem Drucker auch den Computer »wegwerfen« mußte. Er funktionierte zwar noch ausgezeichnet, aber für ein so veraltetes Modell gab es keinen kompatiblen Drucker mehr. Alle meine Proteste und Einwände waren vergeblich: »Ich brauche den Computer doch fast ausschließlich zum Schreiben, warum soll ich ein Modell kaufen, das auch Prototypen von Raumschiffen zeichnen kann? Warum soll ich eine Maschine ausrangieren, die noch jahrelang ihre Arbeit tun kann?« Der junge Mann breitete die Arme aus: »So ist die Informatik-Welt«, hat er zu mir gesagt, »jedes Jahr werden mehrere neue Computer-Generationen geboren. Wer nicht Schritt hält, ist verloren.«

Tja, wer nicht Schritt hält, ist verloren. Aber ist es denn wirklich so? Oder kann man diese Behauptung auch umdrehen und zu einer ganz entgegengesetzten Folgerung gelangen? In diesem Augenblick, während ich Dir auf meinem neuen Computer schreibe, dringt aus dem Badezimmer das Geräusch der Waschmaschine; beim Schleudern dröhnt sie wie eine Rakete auf der Abschußrampe: Sie vibriert, schüttelt sich, klappert, schleudert die Gegenstände in die Luft, die auf ihr liegengeblieben sind, und zum Schluß unternimmt sie sogar einen schüchternen Versuch abzuheben, um dann am Ende jedes Waschvorgangs beinahe einen Meter weiter drüben wieder zu »landen«.

Bevor sie zu mir kam, gehörte diese Waschmaschine meiner Urgroßmutter; die Waschmaschine ist höchstens zehn Jahre älter als ich, vielleicht sogar weniger, sie funktioniert noch ausgezeichnet und wird bei mir bleiben, solange sie dröhnend ihre Pflicht erfüllt. Vor einiger Zeit hat ein befreundeter Elektriker mir erklärt, daß Waschmaschinen und Spülmaschinen mittlerweile auf eine Lebensdauer von soundso vielen Jahren programmiert werden. Sonst, hat er mich belehrt, würde der Markt stagnieren, was schwerwiegende Auswirkungen auf die Wirtschaft hätte.

Du weißt, daß mir der Konsumverzicht zur zweiten Natur geworden ist und ich mich mit den größeren ökonomischen Zusammenhängen nicht auskenne, dennoch erscheint mir diese Logik des »wer nicht Schritt hält, ist verloren« äußerst ungesund. Es werden so viele, zu viele Dinge produziert. Und damit werden wiederum neue, meist absolut sinnlose Bedürfnisse geweckt. Um diese neuen und dringenden »Bedürfnisse« zu befriedigen, werden dann nach und nach die Ressourcen aufgebraucht – die ja nicht unbegrenzt sind –, die Umwelt wird zerstört und die Kluft zwischen einem immer reicheren Norden und einem immer ärmeren Süden der Welt erweitert sich drastisch.

Wie kann man sich da anders als ohnmächtig fühlen, erdrückt von einem wahnsinnigen System, das so weit von den wahren Bedürfnissen der bewußteren Menschen entfernt ist? Ich habe nie an ideologische Revolutionen geglaubt, aber ich glaube felsenfest an Revolution im Alltag. Was ist das, wirst Du mich fragen, Revolution im Alltag? Es ist die Veränderung, die ich in meinem Leben vornehme, wenn ich bemerke, daß eine Verhaltensweise von mir jemand anderem und der Zukunft dieser mißhandelten Erde schadet.

So kann man mit sehr geringem Informationsaufwand vermeiden, Erzeugnisse von multinationalen Konzernen zu kaufen, welche auf Kinderarbeit in der dritten Welt zurückgreifen oder Mütter in den afrikanischen Ländern dazu drängen, Milchpulver anstelle von natürlicher Milch zu verwenden. Mit sehr geringem Aufwand kann man den Gebrauch von Wasch- und Putzmitteln einschränken, indem man etwa beim Hausputz für alles mögliche Kernseife benutzt anstelle von vier verschiedenen Produkten, die alle gleich umweltschädlich sind.

Wenn man beim Einkaufen einmal darauf achtet, merkt man schnell, was man wirklich braucht und was nicht. Außerdem kann man beschließen, keine Produkte mehr zu kaufen, deren Werbung uns beleidigt. Wenn zum Beispiel alle Frauen nicht mehr solche Waren – oder Zeitschriften – kaufen würden, die frauenfeindliche Reklame machen, wären die Firmen – und die Verlage – bald zu raschem und heilsamem Umdenken gezwungen, glaubst Du nicht?

Veränderung kommt, eher als durch Gesetze, durch das Bewußtsein der einzelnen zustande. Durch die Bereitschaft und den Willen, gegen den Strom zu schwimmen wie die Lachse und sich gegen alles aufzulehnen, was der Schöpfung schadet, sie demütigt und beleidigt.

3. September

Cara Mathilda,

erinnerst Du Dich noch an den häßlichen Zwischenfall, den ich vor ein paar Jahren an einem schwülen Sommervormittag im Bus erlebte? Ich hatte lange an der Haltestelle gewartet, umgeben von einer lauten, gereizten Menschenmenge, die sich zum Ansturm bereit machte. Als der 280er endlich kam, war er so voll, daß es unmöglich schien einzusteigen. Doch dank jener geheimnisvollen Gesetze der Physik, die in öffentlichen Verkehrsmitteln gelten, gelang es allen, sich schiebend und schubsend hineinzudrängen.

Der Bus ratterte schon einige Minuten wieder über den glühenden Asphalt, als im vorderen Teil Unruhe entstand und eine Männerstimme sich über die anderen erhob: »Geh doch zurück in deine Strohhütte. Los, hau ab, steig aus. Nehmt uns hier den Platz weg, stinkt wie Vieh. Da müßte Er wieder her, der würde es euch zeigen!«

Einen Augenblick herrschte eisiges Schweigen. Die Worte des Mannes galten einer jungen Frau aus Eritrea, die ein Kind an sich drückte. Anstatt zu antworten, schlug sie die Augen nieder. Ich wollte gerade eingreifen, als sich rundum ein Chor der Entrüstung erhob: »Das Vieh bist du«, riefen die Passagiere. »Steig aus, hau ab, hier ist kein Platz für Leute wie dich!« Der Angreifer versuchte, mit einer Reihe von Beleidigungen zu antworten, kam aber nicht weit, denn an der erstbesten Haltestelle wurde er hinausgeworfen. Inzwischen hatte sich ein Herr erhoben, um dem Mädchen seinen Platz zu überlassen.

Dieser Vorfall hatte mich trotz seiner Heftigkeit beruhigt. »Siehst du«, hatte ich zu Dir gesagt, »im Grunde ist Italien ein zivilisiertes Land und weit von Rassismus und Intoleranz entfernt.« Wie viele Jahre ist das nun her? Acht, glaube ich, höchstens neun.

Mitte August besuchte mich eine chinesische Freundin. Sie hat eine Zeitlang in Europa gelebt und geht jetzt bald endgültig nach China zurück. Sie wollte sich von mir verabschieden. Als ich sie am Bahnhof abholte, fand ich sie in Tränen aufgelöst. Der Schaffner hatte sie schwer beleidigt, weil sie die Fahrkarte vor der Abreise nicht abgestempelt hatte, da sie von der neuen Vorschrift schlicht nichts wußte. Am schlimmsten fand ich, daß sie gar nicht protestiert, sondern unter Entschuldigungen schon das Portemonnaie gezogen hatte, um zu bezahlen.

Doch das hatte nicht genügt, um die blinde Wut des Schaffners zu besänftigen. Was geht in diesem Land vor? Warum werden wir so schnell immer barbarischer? Jeder denkt nur an sich und kennt bei diesem An-sich-Denken keine Grenzen. Der andere wird nur als Störfaktor empfunden, als Hindernis oder als Feind. Es gibt keine Moral mehr, keine Anteilnahme, keine Solidarität, keinen Respekt. »Ohne Gott ist alles möglich«, hatte Fjodor Dostojewskij geschrieben.

Ist es nicht genau das, was wir in diesen traurigen Jahren erleben? Der Himmel ist wie leer gefegt, und in dieser Kahlheit funkelt als größter Stern das individuelle *Ego*, das zur einzigen Gottheit aufgestiegen ist. Alles, was mich glücklich macht, ist erlaubt, der Rest interessiert mich nicht. Und auf diesem totalitären Nährboden des *Ego* gedeihen die sichtbaren Zeichen für zunehmende Herzlosigkeit: Intoleranz, Rassismus, Mangel an Mitgefühl und Zugewandtheit, Unfähigkeit zum Zuhören.

Im Yoga entspricht dem Herzen ein *Chakra*, das heißt ein Energiezentrum. Jedem *Chakra* des menschlichen Körpers ist eine Farbe zugeordnet, und die des Herz-*Chakras* ist die allerschönste, sie reicht von Rosa bis zu einem Lichtgrün, das sich an den Rändern golden verfärbt. Ein geöffnetes Herz-*Chakra* verleiht leuchtende Augen, ein strahlendes Gesicht und macht den Körper stabil und harmonisch; ist es dagegen geschlossen oder verkrampft, wirkt der Blick finster und erloschen: Auf den Körper fällt ein Schatten, so wie ein nahendes Gewitter die Sonne verdunkelt.

Das Herz ist unsere Sonne, unsere kleine, persönliche Sonne. Dank unseres Herzens bringen wir den Menschen in unserer Umgebung Licht und Wärme. Dank unseres

Herzens ist unser Leben voll Freude und Zugewandtheit. Ein offenes Herz ist das einzige wirkliche Gegenmittel gegen die wachsende Barbarei dieser Zeit. Und dies ist der weite Weg, den man gehen muß, damit die Zukunft nicht eine Zeit der Trostlosigkeit, sondern des Aufbaus und der Hoffnung wird.

Vor einigen Tagen erzählte mir ein Freund, er habe sich im Spiegel gesehen, während er mit seiner Frau stritt. »Plötzlich«, sagte er zu mir, »ist mir aufgegangen, wie häßlich und lächerlich ich war. Ich konnte nicht weitermachen. Der Anlaß für den Streit war so nichtig, daß ich mich schäme, wenn ich nur daran denke.«

»Der Spiegel ist ein großartiger Lehrmeister«, fügte er hinzu. »Man müßte immer einen dabeihaben und, wenn sich die schwarze Seite des Herzens zeigt, sofort hineinschauen und vor der eigenen Häßlichkeit erschrecken.«

Genau, denn Häßlichkeit ist keine Frage der Gesichtszüge, sondern der Ferne von jenem Gesetz, nach dem wir alle Kinder desselben Vaters und Geschwister sind.

10. September

Cara Mathilda,

zwischen den großen Umzugsräumereien mußte ich mich letzten Monat in der Auguststille auch dem Ordnen und Auswählen der Korrespondenz widmen. Denen, die sich beklagen, daß die Gewohnheit des Briefeschreibens verlorengegangen ist, würde ich gern zeigen, was ich in diesen Jahren angesammelt habe. Es ist, als wäre auf einmal eine Flutwelle über mich hereingebrochen, eine Flut von Briefbögen, Fotos, Postkarten, Häuschen, getrockneten Blumen, Bildern, T-Shirts, Souvenirs und sogar Pralinen.

Am Anfang hat mich das überwältigt. Ich erinnere mich noch an den Tag, als ich sah, wie die Postbotin kam und einen Einkaufswagen vor sich herschob. Ich war in Rom und unterhielt mich gerade im Hauseingang mit dem Portier. Seltsam, dachte ich, vielleicht geht sie nach Dienstende noch rasch in den Supermarkt hier nebenan. Statt dessen blieb sie vor mir stehen und sagte: »Das ist alles für Sie!« Nachdem ich die erste Bestürzung überwunden hatte, habe ich gelernt, gelassen mit dieser Flut umzugehen.

»Wie machst du das?« hat mich neulich jemand gefragt, »wirst du nicht verrückt?« – »Im Gegenteil«, antwortete ich, »diese Briefe bereichern mich. Sie bedeuten doch, daß es mir mit meinen Büchern gelungen ist, die Menschen zum Nachdenken und zu einem Dialog anzuregen, der über den flüchtigen Konsum hinausgeht. Ich habe Gedanken und Gefühle gesät, und sie sind nicht auf Zement, sondern auf fruchtbaren Boden gefallen, der sie aufgenommen, umhegt und zum Keimen gebracht hat.«

Erfolg bedeutet für mich, meine innere Welt mit anderen teilen zu können, und nicht, mein Foto auf der Titelseite oder Interviews in der Zeitung zu sehen. In diesen Jahren habe ich sehr viele nahegehende, tief empfundene Briefe erhalten. Der Brief jedoch, der mich von allen am meisten beeindruckt hat, kam aus einem Dorf im Landesinneren Japans, geschrieben von einer Siebzehnjährigen: »Ich habe das Buch *Geh, wohin dein Herz dich trägt* gelesen«, teilte sie mir mit. »Es hat mich sehr gerührt, aus Ihren Seiten spricht Liebe. In meinem Leben gibt es nur Leere und Verzweiflung. Niemand wird mich je liebhaben. Ich schreibe keine Adresse, weil ich nicht möchte, daß Sie mir antworten, meine Verzweiflung ist zu groß, mein einziger Horizont ist der des Todes. Ich wollte nur jemandem meinen Schmerz mitteilen.«

Schreckliche Worte, die ich seit drei Jahren wie eine Wunde in mir empfinde. Und eben diese Worte waren der Anstoß dazu, *Anima Mundi* zu schreiben. Es wäre ein leichtes gewesen, noch ein Buch in der Art von *Geh, wohin dein Herz dich trägt* zu schreiben. Es wäre bestimmt weniger eindringlich geworden, ärmer an Wahrheit und Gefühlstiefe, hätte aber mehr Gefallen beim Publikum gefunden. Wiederholungen sind immer beruhigend. Aber dann, auch dank dieser Briefschreiberin – die ich ein bißchen als mein verirrtes Schäfchen betrachte –, habe ich allem zum Trotz lieber den bekannten Weg verlassen und einen unbekannten eingeschlagen. Für den, der einen Glauben hat, ist es manchmal sehr schwierig, sich vorzustellen, wieviel Verzweiflung und Destruktivität sich in einem Leben ohne Ziel verbergen können und wie qualvoll, hart und voller Rückschläge der Weg sein kann, der von der Dunkelheit ins Licht führt. Der Horizont, den man für leer hält, ist ja in Wirklichkeit nur scheinbar leer. »Wo Leere ist«, sagt Schwester Irene auf den letzten Seiten des Buches, »ist das Irrationale.« – »Was ist das, das Irrationale?« fragt Walter, der Protagonist. – »Nennen Sie es, wie Sie wollen«, erwidert die Nonne. »Namen hat es viele, aber die

Wirkung ist eine einzige.« – »Und zwar?« – »Schicksale zu zerstören. Indem es Dunkelheit sät, läßt es den Menschen sich selbst fremd werden.«

War sich die junge Japanerin nicht selber fremd? Sind viele Jugendliche, viele Menschen, die um uns herum leben, sich nicht selber fremd? Ist das nicht das große Übel unserer Epoche, das Übel, aus dem sich alle anderen ableiten?

Anima Mundi ist kein Buch, das tröstet oder erheitert, denn der Anblick der Negativität – und der Kampf dagegen – sind niemals friedensstiftend. Es ist eher ein Buch über die Qual und die Härte eines menschlichen und geistigen Wachstumsprozesses. Allerdings ein Buch, in dem am Ende machtvoll das Licht der Hoffnung, der Vergebung und der Gnade aufscheint.

Die Verzweiflung vieler junger Menschen entspringt einem Gefühl der Beliebigkeit. Wo der Zufall herrscht, ist kein zielgerichteter Plan vorhanden, eines schließt das andere aus. Der Zufall ist wankelmütig, ungreifbar, folgt der launischen Eingebung des Augenblicks. Ein Plan dagegen hat tiefe Wurzeln und beinhaltet die Vorstellung einer Entwicklung, sein Ziel ist die Fülle des Lebens. »In den Samen«, sagt Schwester Irene, »ist alles enthalten. Geballte Energie und ein Wachstumsplan... Wir sind alle der Erde anvertraute Samen, das vergessen wir zu oft.« Wenn der Samen keimt und das Pflänzchen heranwächst, drehen sich seine Blätter sofort dem Licht zu.

17. September

Cara Mathilda,

inzwischen sind die Tage merklich kürzer geworden. Abends kann man nicht mehr draußen essen, und schon steigt ein feuchter Geruch – Herbstgeruch – vom Boden auf. Der Rasen ist noch verdorrt von der Sommerhitze, die Blumen sind fast alle vertrocknet, Wiedehopfe und Goldamseln bereiten ihre Abreise vor und werden bald wieder bei Dir eintreffen. Schon immer hat mich gegen Ende des Sommers große Melancholie erfaßt, wenn alles Leben sich wieder in sich selbst zurückzieht. Bald wird die rauhe Herbstzeit kommen – mit Regen und starkem Wind – und dann die noch rauhere Winterszeit, mit Frost und Eis.

Neulich kam kurz vor der Dämmerung mein Freund Nando vorbei. Sicher erinnerst Du Dich noch an ihn, Du hast ihn beim letztenmal, als Du hier warst, gesehen: Es regnete in Strömen, und er ist rasch aus dem Auto gesprungen, um mir die Post auszuhändigen. Nando ist unser Dorfbriefträger. Aus »beruflichen« Gründen ist er einer der Menschen, die ich in diesen letzten Jahren am häufigsten gesehen habe. Im Winter kommt er mit dem Auto herauf; doch sobald die Temperaturen milder werden, fährt er die Schotterstraße mit seiner dunkelblauen Vespa hoch und trotzt unerschrocken – oder beinah – den Attentaten, die die Hunde auf seine Waden verüben.

Gewöhnlich kommt er am Ende seiner Tour zu mir, gegen eins, und wir wechseln noch ein paar Worte miteinander. Im Lauf unserer Unterhaltungen haben wir entdeckt, daß wir beide eine Leidenschaft für die Naturkunde haben. Wenn er nicht als Postbote arbeitet, ist Nando ein begeisterter Naturfotograf. Geschickt baut er Verschläge und künstliche Nester, um Vögel anzulocken. Voriges Jahr hat er einen Wiedehopf dazu gebracht, in einem präparierten ausgehöhlten Stamm zu nisten, und konnte alle Phasen vom Eierlegen bis zur Aufzucht der Jungen fotografisch verewigen. Ein andermal wandert er mit seiner Ausrüstung durch die Wälder wie ein Maler mit seiner Palette, um hier und da etwas von deren Schönheit einzufangen.

Bevor er Fotograf wurde, war er jahrelang Jäger, und genau darüber unterhielten wir uns neulich abends. »Wie kommt es«, fragte ich ihn, »daß du plötzlich umgeschwenkt bist?« Er breitete lächelnd die Arme aus. »Es war ein bißchen so wie auf dem Weg nach Damaskus«, erklärte er. »Auf einmal empfand ich mit dem Gewehr in der Hand große Leere, große Stille. In dieser Leere und dieser Stille schien es mir plötzlich der absolute Wahnsinn, einfach so zum Spaß zu töten. Auch das kleinste Lebewesen ist dem, der es erschaffen hat, teuer. Welche Arroganz, welche Blindheit bringt uns dazu anzunehmen, wir seien Herr über das Schicksal?«

Ich konnte ihm nur zustimmen. »Wenn ich einen Teller zerbreche«, fuhr er fort, »kann ich ihn mit ein bißchen Geduld wieder zusammensetzen, er ist vom Menschen gemacht, man kann ihn kitten. Töte ich aber ein Lebewesen, kann ich es nie wieder zum Leben erwecken, kann ihm kein Leben mehr einhauchen wie das Jesuskind in den Apokryphen der Bibel. Der Odem gehört uns nicht, er ist uns als ein Geschenk anvertraut worden. Ein Geschenk, das wir teilen sollen, statt selbstherrlich darüber zu verfügen.«

Seine Worte brachten mich in die Kindheit zurück. Mein Großvater, der auf dem Land aufgewachsen ist, ist sein ganzes Leben lang jeden Sonntag auf die Jagd gegangen. Ich erinnere mich noch an den Lärm, wenn er kurz vor Sonnenaufgang aufbrach, und daran, wie neugierig ich bei seiner Rückkehr sehen wollte, was er in seiner Jagdtasche mitgebracht hatte. War die Aufregung aber vorbei und lagen die Tiere auf dem Küchentisch aufgereiht, überkam mich erst Staunen und dann Schmerz. Mit meinen kleinen Fingern bemühte ich mich, die geschlossenen Lider wieder zu öffnen, aber der Blick war nicht mehr da, nur die gelatineartige Masse des Augapfels war geblieben.

Wo war das Leben hingekommen? Die Hasen sollten laufen, die Vögel wieder fliegen. Doch das Leben war ihnen für immer genommen. Was übrigblieb, waren nur armselige Körper, blutverkrustet, starr, kalt, blicklos und ohne Atem. Ich habe nie gern Fleisch gegessen, und so erschien mir dieses Gemetzel von Anfang an sinnlos.

»Fast niemand ißt mehr das, was er erlegt«, erklärte Nando mir noch. »Man schießt allein um des Schießens willen, zur Entspannung. Man benutzt Patronen, die schwerer sind als die Beute selbst, die armen kleinen Geschöpfe sind ja oft vom langen Flug ganz ermattet. Und manche Leute haben noch den Mut, das Sport zu nennen. Kann Töten denn ein Sport sein?« Auch daran dachte ich letzten Sonntag während der Messe in der kleinen Franziskanerkirche mitten im Wald. Die Worte der Predigt wurden fast ununterbrochen vom Krachen der Schüsse übertönt, ebenso wie der Gesang der Gläubigen: »Bruder Sonne«... peng, peng... »Schwester Mond«... peng, peng. Glaubst Du nicht, daß wir eines Tages auch für den Tod zur Verantwortung gezogen werden, den wir – reichlich und sinnlos – einzig zu unserem Vergnügen gesät haben?

24. September

Cara Mathilda,

so, das Großreinemachen ist vollbracht! Die Bücher und die Kleider und die Erinnerungsgegenstände sind sortiert: Jetzt ist alles, was mit in das neue Haus kommt, in großen Kartons verpackt und in einem Zimmer gestapelt, wo es auf den letzten Akt wartet, den Umzug. Ein wenig orientierungslos wandere ich in diesen Tagen durch die halbleeren Räume: Mit einemmal fürchte ich sogar, alles Unbequeme an diesem Haus zu vermissen – die steile Treppe, die eisige Feuchtigkeit im Winter, die Stromleitungen, die nur nach eigenem Gutdünken funktionieren, die schadhafte Dusche, die schlecht schließenden Türen, den Kamin, der nicht zieht und die Küche mit Rauch erfüllt. Ich schaue bald zum einen, bald zum anderen Fenster hinaus, betrachte die sanfte Hügellandschaft, die großen Pinien mit ihrer Schattenkrone, die letzten Kohlköpfe und den Wirsing im Gemüsegarten.

Nachts liege ich mit weit aufgerissenen Augen wach im Bett: Da, das ist der Hund von der Mühle, der wütend bellt, vielleicht kommt gerade ein Fuchs vorbei, oder ein

Marder versucht, sich in den Hühnerstall zu schleichen. Dann verstummt der Hund, deutlich dringt von unten aus dem Tal das Geräusch des Wasserfalls herauf, und sein Plätschern wird in der Stille der Nacht überlagert vom leisen Bimmeln der Glocke des Franziskanerklosters. Wie wird mir dieses kleine Universum fehlen, in dem ich acht Jahre meines Lebens verbracht habe! Freunde necken mich: »Im Grunde genommen«, sagen sie, »ziehst du ja nur drei Kilometer weit weg.«

Aber so bin ich eben, ich hänge sehr stark an allem, Trennungen bedeuten für mich immer Verletzungen.

Als ich zum erstenmal nach Umbrien kam, war ich acht Jahre alt. Für mich, die ich aus dem kalten Norden stammte, war es eine echte Offenbarung. Ich erinnere mich an Assisi, Gubbio, Subasio wie an Orte außerhalb der Zeit, Orte, an denen die menschliche Dimension sich wie von alleine in eine größere Dimension einfügte. Ich erinnere mich an die Geschichte vom heiligen Franziskus, die auf den Fresken der Oberkirche in Assisi dargestellt ist, daran, wie ich mich sofort in diese so wesentlichen, lebendigen Szenen verliebte. Wie gern hätte ich es gemacht wie Franziskus: alles abstreifen und loslaufen, mit den Tauben, den Schwalben, den Tieren des Waldes sprechen, die Kranken und Alten umarmen, alle, die im Schmerz leben. Nur in Umbrien konnte ich glücklich sein, dachte ich damals. Und aus Gründen, die vielleicht nur scheinbar zufällig sind, habe ich mich dann später wirklich hier niedergelassen.

Fast alle meine Bücher habe ich hier geschrieben, die

Eiche, die vor meinem Fenster wächst, ist dieselbe, die in *Geh, wohin dein Herz dich trägt* vorkommt. In diesem Haus aus Tuff- und Feldsteinen habe ich Jahre großen Leids, großer innerer Umbrüche, aber auch großer Freude, großer kreativer Fülle erlebt. Von hier aus habe ich meinen Briefwechsel mit Dir und den Lesern von *Famiglia Cristiana* geführt.

Erinnerst Du Dich noch an die anfänglichen Zweifel, Unsicherheiten und Ängste? Kann ich es? Kann ich es nicht? Werde ich es schaffen? Nun ist meine Zeit um, am selben Tag, an dem ich das Haus zuschließe, beende ich auch die Kolumne. Ich bin nicht Journalistin, das heißt jemand, der gewohnheitsmäßig eine alltägliche Beziehung zum Schreiben hat: Ich habe mich überwinden müssen, um ein Jahr lang Woche für Woche auf Bestellung zu schreiben. Am Anfang war es wirklich schwierig: Um einen Brief zu Ende zu bringen, brauchte ich – vor lauter Unsicherheiten, Zweifeln und Befürchtungen, es nicht zu schaffen – zwei bis drei Tage. Dann wurden die Dinge ganz allmählich einfacher, und die Kolumne bildete – in diesem Jahr, das für mich große Einsamkeit und Bitterkeit brachte – eine kleine Oase des Glücks. Ob sie auch für die Leser eine Anregung war? Ich hoffe, ja. Ich wollte mit meinen Worten nichts anderes, als ein Stück Weg gemeinsam gehen.

Ich habe von meinem Alltag erzählt, von meiner Familie, von meinen Freunden, von meinen heiteren und meinen tiefen Gedanken. Ich habe mich offen und ohne alle Schleier gezeigt, wie man es im Kreise lieber Menschen tut. Denn so habe ich mich gefühlt.

Ich las und schätzte *Famiglia Cristiana* schon seit Jahren, aber erst durch meine Mitarbeit bestätigte sich das, was ich bis dahin nur ahnte: Unsere Zeitschrift ist kein Konsumartikel, sondern eine Zeitschrift, die lebendige Gemeinsamkeit herstellt. Sie ist wirklich so etwas wie eine große Familie. Daher danke ich allen Lesern für ihre vielen wunderbaren Briefe. Ich werde sie immer im Gedächtnis bewahren als einen kleinen Schatz von Gefühlen und Zuneigung.

Ich weiß, daß ich in den kommenden Wochen, wenn es diesen festen Termin nicht mehr gibt, große Leere empfinden werde. Eine Leere, unter der ich jetzt schon leide, die aber notwendig ist. Ein jegliches hat seine Zeit, sagt der Prediger Salomo. Schreiben hat seine Zeit, füge ich hinzu, und Nachdenken hat seine Zeit. Für mich ist die Zeit des Alleinseins und des Schweigens gekommen.

Denken hat seinen eigenen Rhythmus und auch Sich-Mitteilen: Diese Rhythmen muß man respektieren, um der eigenen Aufgabe treu zu bleiben, um tiefgehende Überlegungen nicht in Geschwätz zu verwandeln. Eine Umarmung für Dich also, liebe Mathilda, und eine riesengroße Umarmung für meine ganze große Leserfamilie, von den Alpen bis Sizilien, Sardinien nicht zu vergessen.

Susanna Tamaro im Diogenes Verlag

»Die 1957 in Triest geborene italienische Autorin Susanna Tamaro, Großnichte Italo Svevos, ist eine hinreißende Fabuliererin mit frischer Phantasie, Poesie und Witz.« *Süddeutsche Zeitung, München*

»Dieser aufrichtige und klare Stil; diese Fähigkeit, das Leid der Schwachen und Schutzlosen zu zeichnen – sie hat es vermocht, mich zu rühren, ohne mich zu beschämen, nicht anders als es mir bei der Lektüre von *Oliver Twist* ergangen war oder bei bestimmten Seiten aus Kafkas *Amerika*.« *Federico Fellini*

»Eine der lebendigsten und schmerzlichsten Stimmen der jungen italienischen erzählenden Literatur. Transparent wie Kristall. Und stark. Und zart.«
Grazia, Mailand

Love
Fünf Erzählungen
Aus dem Italienischen von
Maja Pflug

Der kugelrunde Roberto
Deutsch von Maja Pflug

Geh, wohin dein Herz dich trägt
Roman. Deutsch von Maja Pflug

Kopf in den Wolken
Roman
Deutsch von Ulrich Hartmann

Eine Kindheit
Erzählung. Deutsch von Maja Pflug

Der Zauberkreis
Ein Märchen für große und kleine Kinder. Mit Bildern von Tony Ross. Deutsch von Ulrich Hartmann

Anima mundi
Roman. Deutsch von Maja Pflug

Die Demut des Blicks
Wie ich zum Schreiben kam
Zwei Essays und ein Gespräch mit Paola Gaglianone

Leopoldo und der Bücherberg
Mit Bildern von Ute Krause.
Deutsch von Christine Stemmermann

Cara Mathilda
Briefe an eine Freundin
Deutsch von Maja Pflug